捨てる生き方

小野龍光
Ono Ryukou
香山リカ
Kayama Rika

a pilot of wisdom

目次

第三章　現代人をつらくしている執着や欲について――109

すべての生き物はつながっている仏教の平等思想
何もできない苦しさを感じることも
評価されたいという欲について
お金も「いいね」も、どこまで行っても満足しない
役に立たないといけないのか
生きる意味とは何だろう
人間関係のしがらみで好きなことができない
自分の人生は自分しか生きられない
我慢を重ねた人生には、肯定してあげるしかない
運命も奇跡も、結果そうなっただけ
「意味」を求めすぎる現代人の病理
自分の軸を磨く
頭ではなく体で感じ取っていく

第四章　とらわれを捨てれば、けっこう楽に生きられる──

「やりたいことが見つからない」という、とらわれ
「なりたい自分になれない」という、とらわれ
「自分には何の才能もない……」という、とらわれ
とらわれに気づくきっかけは無数にある
怒りや嫉妬、不快な感情をどう手放すか
傷ついた感情は、心が育つ養分になる
すべてが虚しく感じたときには
幸せを感じるヒント
「許せない」という、とらわれ
人間は貪欲に見果てぬ夢を見る

編集協力／髙木真明
構成／宮内千和子
目次作成／ＭＯＴＨＥＲ

プロローグ　龍光さんはなぜすべてを捨て得たのだろうか

香山リカ

私の選択はこれでよかったのか

インドの橙色《だいだいいろ》の袈裟《けさ》に身を包んだ小野龍光さんに初めてお会いしたとき、私は咄嗟《とっさ》に言葉が出てこなかった。合掌しながら静かに仏式の挨拶をする龍光さんに、「こんにちは」と言っていいのやら、「はじめまして」と言うべきなのか……。なんとご挨拶したのか忘れてしまったが、あぁ、この方は本物だ、見せかけのパフォーマンスで僧侶の衣をまとっているのではない、ということだけはわかった。凡庸な言い方をすれば、厳しい修行を終えて安らかな境地を得た僧侶だけが醸し出す、有り難い佇《たたず》まいのようなものが彼にはあって、それに私は気圧《けお》されたのかもしれない。おだやかでやさしい物腰ではあるが、柔和に見えて眼光鋭く、それがまた俗世間からきっぱりと決別した強い意志にも思えた。

しかし、人はここまで変われるものなのだろうか。私の目の前で「得度して今はもう乞食《こつじき》同然の身で……」と謙虚にほほ笑む龍光さんは、つい一年数カ月前までIT業界の寵児《ちょうじ》として百億単位のお金を動かす敏腕経営者だった人である。東京大学理学部卒、同大学院を経て日本IBMに入社という輝かしい経歴も持つ。そんな人がなぜ地位も財産もすべてを捨てて得度したのか——私は、小野龍光という人の数奇な物語をがぜん聞いてみたくなった。

個人的な話になるが、私は二〇二二年の四月にそれまでの東京での大学教員や精神科医の仕事に一区切りをつけ、北海道のむかわ町《ちょう》国民健康保険穂別診療所というところで、新たな仕事を始めていた。その診療所は、いわゆる僻地《へきち》診療所と呼ばれる医療機関で、そこでの仕事はそれまでの大学病院や東京での精神科臨床のそれとはかけ離れていた。小さな診療所には科の区別もなく、どんな状況のどんな病気の人でも診ることが原則。このむかわ町穂別は、山あいの孤立した地区で、人口は二千五百人弱という不便な過疎地で、年々人口も減って、高齢化も進んでいる。隣接した市町村もなく、私が行ったその診療所以外、周囲五十キロ近辺には医療機関がひとつもないところだ。医者の仕事としては連続していても、仕事の内容は大幅に転換した。おまけに命の危険さえ感じる厳しい自然環境のなかで、新しい生活を営んでいかなければばならない。地元の人たちにとっては当然の感覚なのだが、店も少なく、食料調達するにも小さな店しかないので、今日食べる分はもちろん、数日分の食料は確保しておかないと、飢え死にしかねない。都会生活に慣れていた私にとっては、けっこうたいへんな意識改革を迫られた。

なにしろそれまで私が住んでいた都心のマンションの一階にはコンビニが入っており、夜中でも何でも手に入る便利な生活をしていたのである。もちろん、そんな便利な生活と過不足のない仕事に、これでいいのか、私は今まで人のために何かやってきたのだろうかと逡巡《しゅんじゅん》し、今決断しなければ私はずっとぬるま湯のなかで何もしないまま終わってしまうに違いないと、都会での生活や仕事を捨てる決心をしたのである。

潔く決心をし、自分の長年の思いを行動に移した。そこだけを切り取れば聞こえはいいが、実は私のなかには常に迷いがあった。大きな転換を選んだときも、実際に引っ越しの準備をしているときも、現地に移ってからも、これでよかったのかと後悔めいた気持ちを払拭できていなかった。現実の厳しさに疲れ、前の生活がとても懐かしくなったり、大学は楽しかったなと、決別した過去の生活を未練がましく思い返すこともたびたびあった。

その一方で、自分の選んだ新しい生活にやりがいを感じられたのは事実だし、新しい気づきもたくさんあって、充実感も得ていた。むかわ町の人たちに喜んでもらえたときには、ここに来て本当によかったと思えたし、私の選択は間違ってなかったと自信になった。けれど、ちょっとうまくいかないことがあると、以前の生活に後ろ髪を引かれ、東京に戻ってまたどこかの診療所でフルタイムで働くほうがいいのではないかと、そんな考えがちらっと頭をかすめたりする。有体に言えば、北海道に移住したこの二年間、私はいつもあっちに傾き、こっちに傾きと、ちゃんと地に足をつけた生活ができていなかった。

私個人がそういう状態だったので、小野龍光さんの話を聞いたときは、えっ、そんな人がいるのかと心底驚いた。東京大学で生物学を学び、少し前まで百億単位のお金を動かすＩＴ関係の経営者をやっていた人が、なぜか突然インドで得度をされて、しかもどこかのお寺に所属して僧侶になるわけでもなく、すべてのものを捨てて、放浪のような生活をされているという。今までのリッチな生活や定期的な高収入とも縁を切り、遍路などをして、人さまからご飯を恵んでいただくこともあるという話を聞いて、私はにわかには信じられなかった。

私自身も、自分のなかでは大きなチェンジをしたつもりだったが、龍光さんのチェンジとは比較にならない。しかも、僻地医療をやると決めたときも、その後も、迷いや後悔、以前の生活への執着や懐かしさといった、未練たっぷりのいろいろな感情がまだあるなかで、この人はどう思っているのだろう、後悔はないのだろうかということがとても気になった。龍光さんという人は、経歴だけを見れば、学業もビジネスもまさに一線のエリート街道を歩んできた人のように見える。そのすべてを捨てて、人生を変えるという選択をするにいたった心境とはどういうものなのか。いったい彼に何があったのだろうか。この対談のお話をお引き受けした一番の理由は、そうした私自身の個人的な興味からである。

「ある」より「ない」生活のほうが豊か

そうした個人的興味とは別に、もうひとつ、龍光さんとぜひ話してみたいと思ったことがある。それは、すべてを手放したことで、何を得たのかということについてだ。龍光さんに比べれば私の手放したものなどささやかなものかもしれない。本業としての医者の仕事も続けている。それでも私にとって僻地医療への挑戦は、大きな決断であった。仕事の内容も人間関係もすべてが変わり、その決断が私に新しい気づきをもたらしてくれたのも事実である。

過疎地の診療所で仕事を始めて、すぐに気づいたことがある。この地で暮らしている人たちの大らかさだ。都会人のように人と比べ合って汲々《きゅうきゅう》として、いろいろなものに追われて、自分はなんて駄目なんだろうと自尊心を低下させたり、自己否定に走るような人は、一人もいない。私って何？　というような自分探しにとらわれている生き方とは対極にある人たちの生活ぶりを見て、私は素直に感動した。みんな共同体で仲よく暮らし、厳しい自然とも向き合って助け合いながらたくましく生きている。ひょっとして、本当の心の豊かさは、こちら側にあるんじゃないかと思うことが多々あった。

農家や放牧など、この地で仕事をする人には通勤時間も満員電車もなく、仕事が終われば自分の趣味にも十分時間を取れる。空き家に防音設備をつけて、けっこうなお年でバンド活動をしている趣味人もいれば、ペットのポニーを何頭も育てている人もいる。ポニーがペット？ それを聞いただけで、都会とはまるで別世界だ。

私がいるその地区は、北海道胆振《いぶり》東部地震（二〇一八年九月六日）という大きな地震の被害に遭った場所でもある。地震によって起きた土砂崩れで道路が寸断され、食料補給もストップし、電気もないという状態が何日も続いたという。そんな被害に遭っても、土地の人たちは「もともと孤立しているからさ」と、笑い話のように振り返る。緊急時のためにふだんから食べ物は貯蔵してあるし、ガソリンがなくても「別に行くところもないしね」と、まったく意に介さず。電気がどうしても必要なときは、診療所の自家発電設備があったので困らなかったよと私に教えてくれた。そんな話をいちいち「へえっ！」と、私はけっこうなカルチャーショックを受けながら聞いていた。

もともと夜が暗いのに、停電になったらもっと暗くなって、ものすごく星がきれいで、みんなでそれを見た。冷蔵庫にある食べ物を腐る前に食べ切ってしまおうと、それぞれ持ち寄って、外でみんなでバーベキューをして食べた。そういう話を聞くうちに、今までの私の都会での暮らしがいかに分断されていたかを思い知った。そんな大地震に見舞われたら都会のほうがずっと脆《もろ》いだろうし、パニックになりやすい。私にしても、住んでいるマンションの隣の人など、ほとんど名前も知らないし、何かあったときに声をかけあって一緒に逃げるなんてことはありえないだろう。この山あいの過疎地には都会には当たり前にあるようなものがほとんどない。けれど、みんな仲よく助け合って生きている。「ない」のが当たり前だから、災害などでその「ない」が多少深刻になろうとも、みんな大して動じないのだ。そう考えると、実は「ある生活」より「ない生活」のほうが豊かだったり、強かったり、たくましかったりするのではないか。それは私自身が日々実感していることでもある。

龍光さんもきっとそういう思いを持っているのではないだろうか。都市型の生活をしながら、豊かさや心の安定を得るのは至難の業だ。「ある」を志向する欲望には限りがない。無限の競争のなかで運よくチャンスをつかんだとしても、もっともっとと欲求が膨らみ、心身は疲弊するばかりじゃないだろうか。さまざまな症状を訴える多くの患者さんたちと面談してきた精神科医として、つくづくそう思う。たぶん、龍光さんにも、そうした競争社会の渦中で、大きな転換を決意する心境の変化があったのだろうと思う。

僻地医療に携わろうと思ったのは、このまま東京で仕事を続けていても私の代わりはいくらでもいるという虚《むな》しさのようなものが常に心の片隅にあったことも要因だ。一度くらい替えのきかないところに身を置いてみたい。いつしか切実にそう思うようになった。同世代の友人で、作家の佐藤優《まさる》氏が、以前、ジョークのように私によくこう言っていた。「香山さん、僕たちの頭が今のようにクリアに働くのはあと十年だよ。だからやりたいことがあったらこの十年以内にやらなくちゃ駄目だよ」と。そんな言葉も後押しになって、心の準備もろくにできていないなか、私はリミットぎりぎりで新しい生活に飛び込んだ。医者という仕事は便利な職業で、医療過疎地に行けば、誰でも必要とされるし、よく来てくれたと歓待される。だから自動的に「替えのきかない」ポジションになる。純粋に人さまのためにというのはおこがましいが、一度今までの生き方に区切りをつけたことには意味があったと思う。

私はまだまだ未熟で、捨てられないもの、あきらめきれないものをたくさん抱えている。けれど、僻地医療に携わることで、とりあえず都市型の生活を手放してみた。すると、日常生活でも人間関係でも、新たな発見がたくさんあった。過疎地の人々との出会い、そして厳しい自然のなかでの生活を体験して、この二年で少しはたくましくなれたかなとも思っている。

龍光さんのようにすべてを捨てて、あるがままに生きるという選択は、私のような凡人にはとてもできることではない。本書のタイトルには『捨てる生き方』とあるが、何かを捨てるのは簡単じゃない。流されている渦中にいると、はたしてこれは私に本当に必要なものか、いらないものなのか、その判断さえままならない。

けれど、今、つらかったり、心が疲弊して弱ったりしているのなら、自分をつらくしている何かと向き合って、それを少し手放してみる、あるいは距離を置いてみてはどうだろうか。自分を縛る執着や欲望と対峙《たいじ》するにはエネルギーもいるし、勇気もいるが、トライしてみる価値はあると思う。重しが取れて、思いのほかよい結果が得られるかもしれない。捨てることで生かされるものがある。そしてそれこそが現代人に必要なものではないのかとも思うし、こうした話も龍光さんとは共有できそうな気がする。

編集の方によれば、龍光さんはご自身の本を出すことに最初は難色を示されたらしい。俗世間とのしがらみを絶って得度した身で、ことさら自身を前面に押し出すような有償の出版物は出したくないと。それでも編集者の熱心な説得で、誰かとお話しする形であればとお引き受けくださったそうだ。そんな経緯を聞けば、ますます敬意をもってお話を聞きたくなるではないか。その幸甚な役目を私がしていいのかという戸惑いもあるが、多少なりとも私と重なる部分をとっかかりにしつつ、私自身も一読者として、龍光さんのすべてを捨てた生き方の真髄を聞いてみたいと思っている。

第一章　すべてを捨ててなぜ私は仏門をくぐったのか

「今、何者でもない身で……」

香山　はじめまして。精神科医・総合診療科医の香山リカと申します。今日は龍光さんのお話が聞けるということで、いろいろ聞きたいことをたくさん考えてまいりました。

小野　はじめまして。自分は何者でもない、ただ人さまに食べさせていただき生きるだけの身でして……。そんな人間にもかかわらずお時間をいただいてありがとうございます。

香山　いえ、とんでもないです。私は、龍光さんのことはメディアで報道されているような表面的なことしか存じ上げないので、今日は何も知らないところからお聞きしたいと思います。今の拠点はどちらになるんですか。

小野　インドでの旅行中に得度したのが二〇二二年の十月のことなんですが、今の自分の状態としては無職、住所不定というのが正確でして。それまでの生き方を変えて、国も変えようと、日本から住民票を抜いてしまってオーストラリアに移住を進めているところです。とはいえオーストラリアも妻の借りる家で一時滞在の身なので、正式な定住者ではありません。一方で呼んでいただければ、国も地域も問わずどこへでも参りつつ、寝床がなければ公園で寝たりもしますし、放浪のような生活をしていまして、インドにも行きますし、お遍路で日本中をぐるぐる歩いて回ったり、そんな感じでしょうか。

香山　パスポートはもちろん日本のパスポートですよね。すみません、なんだか身上調査みたいで。

小野　はい、日本です。日本国民ですが、ただ呼んでいただく地などをフラフラしている生活です。

「おまえ坊主になれ」のひと言で得度

香山　インドで得度されたと聞いて、私はてっきり、インドに居住地があるのかと思っていましたが、インドにすら定住されていない。

小野　はい。二〇一二年、たまたまインド旅行中に、今の自分の師匠である佐々井秀嶺《しゅうれい》上人に巡り合わせていただき、こういう姿になりました。佐々井上人はインドに五十五年間いらっしゃって、インド仏教界の最高指導者にもなられた方なのですが、その方に「おまえ坊主になれ」とおっしゃっていただいて、得度させていただきました。

香山　ちょっとお待ちください。先ほど龍光さんには伴侶がいらっしゃるとお聞きしたのですが、得度には問題なかったのでしょうか。

小野　はい、インド旅行を終え、日本に帰ってきて、その後もう一回、佐々井上人に会いに行ったときに、あらためて自分は妻帯者であることをご相談いたしました。インド仏教において厳密には僧侶の妻帯は禁じられていますので。でも、自分としては人さまの役に立ちたいと思って、こういう姿にはなったものの、二十年連れ添っている妻と離縁することはできないと申し上げたら、わかった、そのままでいいとおっしゃってくださった。その代わり、インドで大々的な活動はできないぞとも言われました。自分としてはそのつもりがあったわけではないので、問題となることもなく、むしろたいへん有り難くお言葉を頂戴した次第です。なので、インドはたまたま得度するきっかけをいただいた地という感じでしょうか。

香山　キリスト教のカトリック教会の神父になる際は妻帯は禁じられているようですが、日本の仏教では、お寺の住職さんの妻帯は問題ないはずでしたよね。

小野　とくに制限はされておりません。でも、それも明治維新以降のことで、明治維新以前は一応建前上は奥さまがいちゃ駄目ということになっていたそうです。けれど親鸞《しんらん》聖人など、奥さまがいらした僧の逸話もあり、時代や文化背景などからさまざまな解釈や実践の仕方があるのだと考えております。

香山　そうですか。ちょっと個人的なことに立ち入ってしまいました。それではお聞きしたい本題に入りたいと思いますが、先ほど得度されたのは人さまの役に立ちたいと思ってとおっしゃいました。さらりと言われましたけど、これは途轍《とてつ》もない決断だと思います。それはどういうことだったんですか。

これがなりたかった自分なのかと煩悶《はんもん》

小野　少し長くなってしまうかもしれませんが……、すみません……。自分は、得度前の自分の人生を前世と呼ばせていただいておりますが、前世の自分は、ＩＴの業界で、言ってみれば株価や売上の数字を短期間でどれだけ膨らませるかばかりにとらわれていた人間でした。もともとは、新しいテクノロジーで人さまに何か新しい価値を提供できたらうれしいという純粋な気持ちでその業界に入ったのですが、売上といった数字を大きくすることばかりが楽しくなっていき、さらには、数字の規模で周囲にマウントを取ることで自分自身を大きく見せようとするような生き方に、自分でも気がつかないうちに、はまっていたんですね。
限られた時間で、売上をもっと上げるために、効率を重視していく。効率を求めていくと、今度はさらに時間を切り詰めざるをえない。そうすると、端的に言えば、どんどん嫌な人間になっていく。時間に心を奪われ、いつのまにか人さまに対して心ない発言をするような自分になっていたんですね。ただ数字を求める、結果を出すことに重きを置いて、社員に対して、「結果を出してなんぼなのだから、今、四の五の言ってないでやるべきだ」と叱咤《しった》したり、時には搾取とまではいかなくても、お客さまに求めなくてもいい売上をなんとかして取るような考え方も出てきて、はたしてこれはなりたかった自分なんだろうかと、内なるモヤモヤが大きくなっていったわけです。

その一方で、徐々に環境破壊に対する危機感を学ぶようになって、売上を増やすことは、それだけ多くの人さまに対して価値提供していくことなんだという建前がある一方で、これって、実はさらなる欲と消費を喚起することで環境破壊の増長に手を貸していないとは言えないのではとも思い始めました。拡大を求めれば求めるほど、自身の内側にもモヤモヤが広がり、環境にも善からぬことをしているのではという疑問も膨らみ、その苦しさが自分の心のキャパを超えそうになったのが二〇二二年の八月です。それで、突然仕事をやめるという決断をしたんです。

仕事をやめたときは、とくに次に何の仕事をやるかは決めていなかったんですが、もう少し自然に寄り添う環境で生きたいということで、縁あってオーストラリアにとりあえず住みはじめてみようということも決めました。

その二カ月後にたまたま旅行で訪れたインドにて、生き方を変えるきっかけとなるご縁となったのが、佐々井秀嶺上人との出会いなのです。初めてお会いしたときは、本当に衝撃を受けてびっくりいたしました。正直インドに行くことになるまでは名前すら存じ上げない方だったんですが、こんな方が現実にいるのかと目を見張る思いでした。佐々井上人は、自身の生命も金もものも捨て、ただひたすら人さまのためにという生き方を五十五年間インドでしてこられた方です。カースト制度による差別にあえぐ人たち、貧困にあえぐ人たちに仏教とともに新しい生き方を授けることで、それらの方々を救って、それまで治安の悪いスラム街だった町を、インドの州のなかでも二番目に識字率の高い教育、そして道徳心にあふれた町に変えていったんです。何十年も昔のことは自分も本*でしか知らないんですが、実際に佐々井上人がいるそのナーグプルという町に行ってみると、インドのほかの都市や町の様子とは、全然違うんです。

　何が違うかというと、町全体がきれいで掃除もされていて、佐々井上人の寺に近づくと、ほぼ一〇〇パーセントの人が目を見て笑顔で挨拶するんですよ。車からわざわざ降りて挨拶をしに来る人もいる。インドの都市は十数か所回りましたが、そんな町は見たことがなかった。日本人の目で見ると、経済的には決して豊かとは言えないかもしれません。ですが、皆さん、とても幸せそうである。そんな人々の傍らで、佐々井上人はひたすらただただ人さまのために尽くしている。

それを見たときに、今まで自分は人さまのために役立ちたいという気持ちはあったけれど、やれテクノロジーだ、やれ株式市場だと、数字を膨らませるゲームにのめり込むうちに、行先が見えなくなっていたのだと、よりはっきりと気づいたように感じたのです。人さまのためになるということは、もっとシンプルで直球でいいんだと思ったのです。

そして佐々井上人から少しずつ仏教を学ぶにつれ、足るを知るということを実感するようになっていった。ないないと言ったら切りがないし苦しくなるけれども、ある分だけで有り難いと思う心が育てば、個人としても煩悩に駆られることも少なくなるのではないかと。そういうスタンスに立つことは、今の世の中が陥りがちな、どんどんつくって、どんどん消費して、どんどんゴミを捨ててという流れに対しても、小さきながらアンチテーゼとして、少しは環境破壊へのブレーキになるかもしれない。何かそのあたりが自分のなかでかちゃかちゃとはまったんですね。

すみません、長くなりましたが、そうした経緯がありまして、当初はいろいろと悩みながらではありましたが、最後は迷いなく、この道に入ることを決めました。

すべてを捨てる極端な選択しかなかったのか

香山　まずは、おっしゃっていることは本当にそのとおりだ、とうなずくばかりです。佐々井秀嶺上人との出会いにも運命的なものを感じます。でも、私のような凡人から見ると、「考えや出会い」と「行動」との間のジャンプがすごすぎて。仏門に入るという龍光さんの決断の仕方があまりにドラスティックすぎませんか。それ以外の選択は考えなかったのでしょうか。格差や環境問題について思いをはせられたとき、IT起業家であれば、たとえばビル・ゲイツさんみたいに、財団をつくって教育や社会貢献活動をするという手段もある。政治家になるのもよいかもしれない。龍光さんならいろいろな選択肢があったようにも思います。極端に言えば仕事を続けながら、稼いだお金を別に使うという手もあるわけですが、それは考えなかったんでしょうか。

小野　財団や事業を通して社会活動をしていくという選択もあると思いますし、その可能性も考えました。ですが、詳しく見ていくと、大きな財団のなかには、規模を目的化しているようにも感じるものもあり、大きなお金が動くなかで利権が生じたり横流しが起きたり、本当に行き着くべき人に渡っていないケースも見受けられる。規模を求めるとひずみは生まれやすい。一方で、佐々井上人のように、ただひたすら目の前の一人ひとりに尽くしていくというやり方もあるのではないかと。佐々井上人は今でこそ多くの方に影響を及ぼす立場でありますが、本人はそれを目指したわけじゃなく、それは後からついてきた結果でしかないのです。自分はかつて、ビジネスで数字の規模を求めることで本来の自分の目的を見失い苦しんだ体験があるため、規模を目的化せず、まずはできるところから始めていくほうがよいのではと考えた次第です。

香山　なるほど。ほかの選択肢もお考えになったというのを伺ってちょっと安心しました。「得度以外に何があろうか」と言われたら、私にはもうお話しできることはなくなりますからね（笑）。私は今、読者代表として、ちょっとしつこく「ほかにはなかったの？」と聞いているわけです。誰が聞いても龍光さんの選択は極端だと思うので（笑）。

小野　おっしゃるとおりだと思います（笑）。

香山　なので、読者代表としてもっと聞いてみたいと思います。私の知り合いにも、龍光さんと同じような問題意識を持たれて、高給をもらっていた外資系のコンサル会社をやめて、NPOに入って活動をされている方なども、けっこういるんです。年収は十分の一ぐらいになったけれどとても幸せ、と笑顔で話しています。音楽家の知人でも、音楽ホールでのコンサートの数を減らし、児童養護施設で音楽ボランティアをしている人がいます。いずれも、収入ゼロでもなく、龍光さん言うところの「前世」と連続した生き方です。でも「人さまのため」には十分なっているでしょう。それぐらいからやってみようかという段階的な考えはなかったんですか。

小野　もともと少し極端な性格ではあると思います。佐々井上人は今、一億五千万人とも言われるインド仏教徒の最高指導者で、首相からも任命された方なんですが、いまだに風呂なし、シャワーなし、トイレはバケツひとつという生活なんですよ。九十歳近いご高齢にもかかわらず、暑いインドで。自分自身が社会課題の現場での生活を実践していらっしゃるんですね。教育や治安の整った環境に恵まれない人や差別を受けている人と同じ土俵に立って生活をしているからこそ、民衆はついてきているんです。自分はそこまで行けるとは思っていないし、できるわけもないんですが、自分は、前世で、人さまの幸せのためと言いながら数字に目がくらんだ経緯があるので、いったんお金から極力離れてみようと。とかく「お金がないと物事ができない」とお金ばかりが重視されがちな現代においても、お金が限られたなかでもできることはあるのではないか、それを自ら試してみてはどうだろうか、と。まぁひとつの社会実験みたいなものかもしれません（笑）。

香山　「社会実験」と言われてますます安心しました。ここでもうひとつ、大切なことを質問させていただきます。龍光さんは、もともと仏教徒だったわけではないですね。

小野　はい。宗教全般に対して斜に構えて見ていました。宗教は心の弱い人が頼るものというように。

利他は自利にもつながる生物の仕組み

香山　もう一人、人生を大きく変えた女性医師の話をさせてください。彼女は小児科医だったんですが、アフリカで障害を持っている貧困層の子供たちを見て、これはなんとかしなければと、単身ケニアに渡り、現地に施設と診療所をつくって、向こうに住みながら頑張って医療活動をしているんです。心から尊敬していますが、実は彼女はクリスチャンです。彼女の本を読むと、「これは神さまが与えてくださったミッション」だと書いている。イエスさまが「あなたはこれをやるべきです」と言ってくださったから、それを受けて私は喜んでこの活動をやっているというんですね。

私は、今、東京での生活や仕事を手放して、北海道の僻地の山奥の診療所で働いているのですが、そこに行こうと決断した理由はいろいろあります。アフガニスタンで銃撃されて亡くなった中村哲さんという医師をとても尊敬していて、中村医師が亡くなったというニュースを聞いたときは、絶望的になりました。三十五年間もアフガニスタンやパキスタンで医療支援をしつつ、彼らが命を落とす背景には貧困があるとして、その解決のために井戸掘りや用水路建設にも力を注いできた、すごい人です。こんな方が亡くなったというのに、私なんかがのうのうと生きていていいのか、それじゃ駄目だろうと心底思ったことも、僻地医療に舵《かじ》を切るきっかけになったんです。

小野　あぁ、そうでしたか。

香山　この中村医師も、実はクリスチャンなんですね。中村医師は若いときからパキスタンに行ったり、アフガニスタンに行ったりして、貧しい人たちの医療をやってきた。おそらく彼も、それが自身への神さまからのミッションだと思ってやっていたと思う。キリスト教系の方には、そういうふうに神からの使命として、身を粉《こ》にして人のために尽くしているという人が多いですね。でも、お聞きしていると、龍光さんの場合は、宗教が先にあったわけではないですね。ケニアの女性医師や中村医師のような使命感のようなものとはまた違うのかなと。

小野　そうではないですね。自分の場合は、佐々井上人との出会いにより、ただ「誰かの役に立つ生き方」を目指して、仏門をくぐらせていただいた。その教えを学び実践していくうちに、幸せに生きていくための処方箋としての仏教の有効性を、後から実感を深めていったという感じです。一方、今はイスラム教やキリスト教なども表層的ながら学んでいて感じるのは、仏教に限らず、イスラム教やキリスト教も、利他、つまり他者へ善きことを行うことで、自身や集団の平和、安らぎを目指すという点では変わりがないのではと考えております。

そこにおいては、医者としてのご経験を積んでいる大先輩の前で失礼ですけど、生物学を少しかじっていた人間として、これはオキシトシン効果ではないかと思っているんです。利他というのは、個人としての自利にもつながるというか、自分の幸せにもつながる。これは生物そのものが持っている基本的な仕組みではなかろうかと思っているんですね。単に人さまのために何かいいことをすれば、人は喜びを得るものなんだという基本構造は、差はあれど、ほとんどの人が持っているはずではと思うのです。それを一人でも実践していけるなら、個人主義、自由主義というものが膨らみすぎている世の中において、アンチテーゼになるかもしれない。こんなふうに、自分の場合は、人さまの役に立つ生き方をしたい本能としての気持ちが、仏道を進むうちに、より強くなっていった感じでしょうか。

香山　誰かを助けることが、結果的には「個人としての自利にもつながる、自分の幸せにもつながる」という考え方、とても共感します。ただの自己犠牲ではないのですね。さらに、もしかすると、ほかの宗教で活動されているすばらしい方に出会っていたら、そちら側に行っていたのかもしれないということですか。その率直さにもホッとします。「仏教こそが真理」と言われたら、またここでお話を終えなければならないので（笑）。

小野　かもしれないですね。ただ、キリスト教もイスラム教もすばらしいと思うんですが、個人的に仏教が好きなのは、ブッダという生身の人間の気づきから生まれたという点なんです。ブッダがただただ悩みながら、その悩みが生まれる仕組みはこういうことなのでは、こうすれば苦しまずにすむんじゃないかと努力して気づいた内容が教えとなっている。だから誰だって自分次第で、努力すれば苦しまずに生きられるかもしれない。そんな点にシンパシーが湧きやすいんですよ。

香山　あ、「ブッダという生身の人間にシンパシーが湧いたから仏教」というのもいいですね。

小野　神という存在が光あれ大地あれと世界をつくっていく話は、科学を信仰している人間としては、どうしても自分とは遠い世界観として感じてしまうところがある。でも、ブッダは死ぬ瞬間まで、おまえたち最後まで油断するなよと、ブッダ自身も一人の人間として惑うことだってあることを示唆するようなメッセージを残しつつ死んでゆく。そういう極めて人間臭いところにシンパシーを感じます。

なぜ佐々井上人は仏教の町をつくりえたのか

香山　インドは、仏教の生まれた地ではあるけど、今や仏教国とは言えないですよね。

小野　まったく違います。マイノリティーです。

香山　インドにおける仏教は、今、どんな状況なのですか。

小野　これは自分の非常に浅はかな理解でしかないんですが、まず、インドではヒンドゥー教の方が八割ほどいると言われています。そして、ブッダは、ヒンドゥー教のなかのあまた何億だかある神のなかのビシュヌ神の化身の一人という位置づけでしかないそうです。仏教というものは、いわばヒンドゥー教世界観に吸収合併されているんですよ。

香山　そのヒンドゥー教的な世界観が支配的なインドで、佐々井秀嶺さんはなぜ仏教の町をつくることができたんですか。

小野　佐々井上人のご経歴は本も何冊もあるほどで、自分ごときが簡単に語るのは憚《はばか》られる濃いものなのですが……。もともと佐々井上人は、自身の抱える苦しみから三度の自殺未遂を経た後に日本で仏教僧となったのですが、その後も悩み、タイに修行に渡られました。それでも苦しみ、片道切符のように仏教発祥の地のインドを訪れ、結果その後ずっとインドに滞在されていらっしゃいます。

ちょっと話が変わり、長くなりますが、インドに、今のインド国憲法を書いた、アンベードカル博士という歴史的な偉人がいらっしゃいます。アンベードカル博士は、カースト制度のさらにその下、カーストにすら入れられていない、アウトカーストや不可触民とも呼ばれ差別されてきた層の出身です。アウトカーストの人々は、見ても、見られるだけでも穢《けが》れると蔑まれ、ほかのカーストの方と同じ井戸の水を飲むことさえ許されないという、壮絶な差別や扱いを日常的に受けている。

アンベードカル博士は、学校に行っても廊下に座らされ、水もろくに飲ませてもらえない差別を受けながら、そのなかで想像を絶するような苦学を重ね、初代法務大臣となって、今のインド憲法をほとんど一人で書き上げたような方なんです。そのなかで彼は、初めてカースト制度による差別撤廃の憲法を書いたんですが、いくら憲法上に書かれていても、三千年続いているカーストという伝統はなかなかなくならないし、差別もなくならない。

考えた結果、彼はヒンドゥー教徒から仏教徒に改宗する、宗教を変えるということを死ぬ二カ月前に決行しました。そのとき、彼と同じくカーストの差別に苦しむ数十万人の方も一緒に、ナーグプルという都市でヒンドゥー教から仏教への改宗を行いました。仏教は、二千五百年前にインドで興って十二世紀にインドで滅びて、信徒がほぼゼロだったところから、再び数十万人の民衆とともに甦《よみがえ》るんですね。ヒンドゥー教徒のままではカーストから逃れることができない、なので、皆勇気を持って仏教徒になろうという、アンベードカル博士の魂の呼びかけに、今まで虐げられてきた人々が立ち上がるんです。博士によれば、いろんな宗教を研究した結果、仏教における教えこそが、科学の発展した現代に矛盾しない教えで、人間を含めすべての生き物はフラットであるという思想は人間世界がつくった差別から抜け出すための処方箋となり、皆さんの新しい生き方となると導いたんですね。ですが、その彼は新たに生まれた数十万人の仏教徒を残したまま、この世を去ってしまうんです。

そんな経緯を知らない佐々井秀嶺上人は、アンベードカル博士の死から約十年後にそのナーグプルにたどり着いて、カーストの現実、そして、アンベードカル博士という人が仏教を通して虐げられている人々を助けようとしたという事実に触れ、その志を紡ぐ形で、仏教を通し人々の差別、そして貧困からの救済に生命を注ぎ始めたのです。

香山　差別から抜け出す処方箋としての仏教。そんな方の存在、まったく知りませんでした。

小野　僕も存じ上げなかったのですが、日本でもほぼ知られていないと感じています。アンベードカル博士は、インドにおいてはガンジーと並ぶぐらいの偉人ですし、ハイデラバードに五十メートルの像があったり、像の多さで言うとガンジーさんの比ではないぐらい、ものすごく信望を集めているんですが、日本の教科書にはほとんど出てきません。けれど、今のインドの礎を築いた偉人なんです。

香山　アンベードカル博士もその遺志を継いだ佐々井秀嶺さんも、絶対知るべき方ですね。これほど偉大な方なのに、アンベードカル博士が亡くなる前に、改宗した方たちのなかでそれを受け継ぐ方は現れなかったんでしょうか。

小野　それだけの偉大なリーダーシップを持った方ですし、改宗の二カ月後に病死されてしまったので、なかなか継げるような方はいなかったのではないでしょうか。ですから、その約十年後に佐々井秀嶺上人がこの地に来たことには、深い縁を感じます。そこから五十五年間、佐々井上人によってずっと博士の遺志が受け継がれ、実に多くのインドの方々が仏教を通して新たな生き方を手にされています。佐々井上人は今ではインド国籍をもらえていますけれど、かつては不法滞在をとがめられ、国外追放の憂き目に遭いそうになったのを、「ササイを守れ」と百万人以上の民衆の署名が集まって、民衆に守られ、最高指導者に任命されるまでになったんです。

香山　そうしたお話を聞くと、アンベードカル博士、佐々井上人、そして龍光さんへという必然的なリレーが行われてきたことがよくわかりますね。

コミュニケーション障害の子供時代

香山　話は変わりますが、先ほど自分は極端なところがあるとおっしゃっていましたけど、龍光さんはどんな子供だったんですか。幼いころの話をお聞きしてみたい。

小野　そうですね。どちらかというと、言葉があまり発せなくて、いわゆるコミュニケーション障害だったようです。小学校の低学年のころは、別に勉強ができる子でもなかったですし、むしろ母は先生から、普通の子が百しゃべれるとしたら二十しかしゃべれないと言われたそうです。登校拒否して入院していたりした時期もありました。

香山　ご両親には、何か確固たる教育方針があったんですか。

小野　とくにないですね。僕は三人目の子供だったので、ある種、放任というか、好きなようにさせてもらえました。両親もとくになんら目立つことはない、それぞれが自営業の下で育ってきた家庭でした。

香山　兄弟のなかで、自分だけちょっと異質という感じはありましたか。

小野　何をもって異質かというのはわからないですけれども、小学校に二年間ぐらい通っていなかったですし、そういう意味では、ちょっとほかの兄弟とは違ったかもしれません。

香山　そのころは、大きくなったら何になりたかったのですか。

小野　そのころからずっと宇宙に興味があって、物理という単語は当時は知らなかったですが、宇宙はなぜできたのか、どうなっているのか、どうなるのか、みたいな宇宙の未知を学びたいというのはずっと昔からあって、望遠鏡ばかり眺めていたような子供でした。

香山　夢見がちな理科好きの少年。それがどうしてまたＩＴ業界の寵児になっちゃったんですか。

小野　その後、大学に入って、結果的に生物学に転向するんです。大学に入った後、宇宙物理の研究室に行って、ちょっと挫折しまして。というか、全然楽しそうじゃないと思ったんです。当たり前なんですが、宇宙に触れるわけでもなく、やっていることはコンピューターの画面を見たり机上の計算ばかりで、何か思っていたのと違うと。

香山　観測というよりは、理論物理学的なことだったんですね。

小野　完全に理論物理ですね。もちろん天文学は別途ありましたけれども、それも宇宙の神秘に迫るには時間がかかりすぎる。理論物理で一度挫折して、何のために勉強してきたのかを、いろいろと自問したときに、自分は未知なるものに興味があって、宇宙に興味を持ったんだと思いいたった。考えてみると、自分という存在、生命体としての存在そのものも謎に満ちあふれている。ちょうどその当時、ヒトゲノムがもう少しで解読し終わるといった機運もあって、ヒトの設計図とも言えるゲノムの内容を解き明かせば、人間なるものがわかるんじゃないか。生命の神秘に触れる学問は、自分自身のことでもあるし面白いということで、生物学に転向したんですね。

ところが、そのときもまた挫折するわけです。ヒトゲノムを解明すればすべてがわかるんじゃないかという期待を持ってその研究に取り組むと、結局、資本の論理に支配されることになる。資金潤沢で、シーケンサー（ゲノム解析装置）をがんがん回しているところには勝てない。すると、何のためにこれやっているんだっけという感じになってしまったんですよね。

そんなときに、たまたま遊び始めたコンピューター、インターネットに触れて、プログラミングをやるようになって、ちょっと待てよと新しい興味が芽生えた。これまで、神がつくったか、誰がつくったかわからない生命の設計図を解き明かそうと頑張っていたけれど、自分が設計者側になれる世界がここにあるじゃないかと。そんな思いが生まれて、一気にコンピューターの世界、インターネットの世界にはまっていったんですね。

物理的に、時空を飛び越えて知らない人とコミュニケーションできるのは、インターネットの最大の革命のひとつだと思うし、今も変わらない興味です。そのことにとにかくわくわくして、しかも、それを自分でもプロデュースできるかもしれないという可能性に、めちゃくちゃ燃えていました。

香山　時代でいうと、一九九五年にOSのWindows 95が出て、ちょうどその後ぐらいですか。

小野　そうです。まさにそのタイミングですね。研究室でもインターネットを好き放題使えるという時代で。研究室に籠もりながら、研究もせずにインターネットで夜な夜な自分のサイトをつくったり、サーバーを立てたりしていくうちに、すっかりその魅力にはまり込んでしまって。生物学を飯の種にするよりも、いわば新しい生命体を自分でつくるような革新的なことができるような気がして、ITの分野に入っていきました。

IBMをやめベンチャー立ち上げ

香山　じゃ、どこかに就職したんじゃなくて、いきなり起業されたんですか。

小野　日本IBMグループさんの会社に新卒、大学院卒で入社させていただきました。でも、その会社さんは入って五カ月でやめて、ベンチャー立ち上げの世界に飛び込みました。

香山　またまた身上調査のようになってごめんなさい。IBMなんて花形企業ですが、やめたのはなぜですか。

小野　iモード（※NTTドコモが世界に先がけて消費者に提供した、携帯電話上でのインターネットサービス）がちょうど出た直後で、iモードのサイトを自分でもつくって遊んでいたんですが、それを聞きつけた、サイバーエージェントのiモード専属の子会社から第一号社員にならないかと声をかけていただいて、面白そうという直感で動いたんです。

香山　世俗的な言い方で申し訳ないけど、まさにイケイケですね。時代の波に乗りまくっている。でも、数字を追いかけたり、人を蹴落としたりすることに疑問を持った。それは、起業して業績を上げていた途中からなんですか。

小野　その後ビジネスの世界にいるなかで徐々に徐々に膨らんできたという感じですね。株式市場というものに仕事として触れ始めたのが二〇〇八年ぐらい。それまでは純粋に自分たちの会社のサービスで売上を上げていく喜び、数字がどんどん上がっていく喜びだったんですが、株の売買で売上を上げる仕事を始めてから、これは錬金術的な側面があるのじゃないのかという疑問が出てきました。

仕組みで言うと、ベンチャーにお金を投資してその株を買い、上場させるなどで株を売り、その利ざやでお金を儲《もう》けるといった仕事です。もちろん意味があると思って始めた仕事なんですが、触れれば触れるほど、これはいったい何だろうという思いが強くなっていきました。投資というのは「未来への期待値」を売買するとも言えるわけですが、それをいかに大きく膨らませて見せるかという力学も働いていく。そして、そこでの数字が大きければ大きいほど成功とされるし、勲章になっていく。そして、その勲章に憧れている自分もいる。時にバブル的な数字の膨らまし方とも見えるケースが目につくなか、はたしてそれって何を生み出し、誰を喜ばせる仕事なのだろうかという疑問が日々膨らんでいきました。

香山　とても健康的でまっとうな考え方だと思います。でも、ここであえて言わせていただくと、龍光さんよりももっと上の世代の人や、あるいは親が農業をやっていらして、野菜や米をつくってお金に換えるという生き方を見てきた人が、「実体がないものがお金を生むのはおかしい」と思ったというストーリーであれば、すんなり納得できます。けれど、日本が資本主義になりきってから生まれて、その流れでずっと来て、学生時代にはコンピューターやインターネットにはまって、その流れでIT業界に就職してというなかで、そういう考えを持つようになる人は、なかなかいないような気がするんですね。私としては、自身の生き方の大きなチェンジにつながったその思考がいったいどこから来たのか、とても気になります。

小野　なぜそうなったのか、そのルーツは自分でもよくわかっていないですが、科学としての宇宙や生物にもともと興味があって、仏門に興味を持つ前から、生き物はやがて死ぬし、金を棺桶《かんおけ》に持っていっても灰にすらならないみたいなことは、昔からよく言っていたんです。なので、死生観という意味では、ある種ニヒリズム的なものを持っていたのかもしれないですね。

にもかかわらず、僕は承認欲求がすごい強い人間なので、皆さんからほめられるための手段として、いかに売上や時価総額を大きくするかを求めたくなる一方で、自分がやりたいことと乖離《かいり》していくような感じになっていったんでしょうね。

もともとは、お金を増やすことよりも、お金を媒介として何かの価値を得たり、生んだりということを目的にしていたはずが、気づけばお金を増やすことにとらわれ、それで幸せの実感が増すわけではないどころか虚しさすら感じていく。はたして自分は、こんな生き方をしたかったのだろうかと、自分で自分に絶望を感じていったのです。

今の金儲けはゲーム感覚

香山　私の世代ですと、「あんまりお金お金って言っちゃいけません」というような価値観がまだ残っているんですけど、龍光さんはもっと下の世代ですよね。それこそホリエモンさん世代というか、あの村上ファンド事件のときだって、逮捕される前に村上世彰《よしあき》さんが「お金儲けってそんなに悪いことですか」と問いかけて、大きな話題になりましたよね。何をやるにもお金もいるし、人のために何かするにもお金がいるんだからと、お金儲けを正当化するいろんな論理もある。

たとえば、私たちがいる医療の世界でも、今や東大医学部を卒業しても、臨床ではなく、外資系のコンサルや医療ベンチャー方面に行く人が多いんです。医者は収入としては悪くないけど、自分の体を使ってなんぼ、何時間働いてなんぼ、何人を診てなんぼの世界じゃないですか、ちょっと言葉は悪いですが。それで年収一千万なんてばかばかしい。それよりも、医療ベンチャーで頭角を現せば何億も稼げる。というように、頭のよさをお金儲けに使うことがスマートだという価値観が、否定しようもなく浸透しちゃっているんですよ。

小野　おっしゃるとおりかもしれませんね。

香山　いや、それはおかしい、医者になったのはそういう理由じゃないはずだと、それこそ離島や紛争地に行くような人もたまにいますが、それはまた少数派で変わり者と言われる。だから、すごく二極化していますね。お金儲けに走るのも、昔の感覚と違って、そこでいくら稼げるかというゲームみたいな感じですよね。

小野　前世の自分はゲームのように感じてしまっていたのだと思います。

香山　そこに夢中になってしまう。それは拝金主義というよりも、いくら稼げるかというのがある種の自分の能力のひとつの表れという、やっぱりゲーム的な感じなんですよね。別にぜいたくしたいからというよりは、何か試したいというね。彼らはものすごいあこぎな銭ゲバみたいな人かというと、全然違って、会ってみるとすごく爽やかだったりする。

小野　稼ぐのが好きな方には、無邪気だったり、純粋な人が多いかもしれませんね。

香山　いい人で、友達にもやさしい。昔の守銭奴みたいなイメージの人とは違うんですよ。そういう人が、医療ベンチャーでこういう仕組みができたら社会のためにもなるでしょうなどと言えば、たしかにそれなりの説得力もある。でも、人の役に立ちたいなら、今あちこちに医療が届かずに困っている人がいるんだから、そっち側に手を差し伸べたほうがいいんじゃないかとか、私のなかでもすごく価値観が揺れ動くことがあるんです。失礼な言い方をすれば、そういうお金をゲーム感覚で動かす世界にどっぷり浸かってこられた方が、よくそこに気づいたというか、そういう気持ちになったものですね。

小野　もしかしたらですけれども、僕の親が貧乏で苦労していた姿を見て育ったことが、影響しているのかもしれません。うちの母親は北海道で、厳寒の雪のなかでリアカーを引いて弁当売りもしていました。そうした厳しさも見てきているし、うちの父親は、三世代ぐらい前に鉄鋼業で北海道に入植しているんですが、羽振りがよかった時代もあったものの、どんどん土地を切り売りして、最後は夜逃げするという没落を経験しているんです。その没落の様子も肌で感じていたので、お金というものに対して、大事だと思う反面、不確かなものだという感覚が根っこにあるのかもしれないですね。

香山　あぁ、それは大きな経験値ですね。財産だと思います。

生身の体を取り戻したい

小野　これは結果論かもしれないんですが、投資の仕事をやり始めて、何か違和感を覚え始めたあたりから、なぜか、農場に通ったり、東北のほうの漁師に会いに行ったりとか、そういう機会を自分で積極的につくりに行っているんです。それは妻が飲食の仕事をやっていたというきっかけもあるのですが、今思えば、そこでアーシング（素足で直接大地に触れて、自然を感じ取る）というか、何か必死でバランスを取り戻そうとしていたんじゃないかと思うんです。そのときからランニングを始めて、大自然のなかを走るとか、そんなことに時間を費やすようになっていったんです。

香山　生身の体として動く自分を取り戻したいという感じですね。

小野　そうです。そうやって自然に接していると、当たり前のように自然のなかの一生命体のはかなさ、ちっぽけさを体感する機会も増えていくんですね。実はそのころから哲学全般への興味から仏教にも触れ始めて、ビジネスの成功や自分自身の承認欲求など、もっともっととドーパミン的な刺激を求めることって、キリがないし、ある意味薬物依存症と同じだろうと。こんな無間地獄のような苦しみから、どうやれば抜け出せるんだと考えていました。

そうして試行錯誤しながら、ぼんやりながら感じていったのです。苦しみというのは、もっともっとと求めるからどんどん苦しくなって、切りがなく追い詰められていくものだよなと。しかもソーシャルメディアで他人と比較しようとするから、その欲望の火にどんどん油を注ぐ自分が生まれ、苦しむのだと。そして、世の中で起きている、どんどん消費して、どんどん借金を増やして、どんどんゴミを増やしていくさまも、もしかしたら同じ仕組みで生まれているのかもしれないと。それは幸せな未来につながりにくい道かもしれない。仏教でも説いている「足るを知る」は、この流れへのひとつの処方箋になるのではないのかと感じていきました。そんな感覚が、今回こんなふうに、ちょっと極端に転身した土台にあったのだと思います。

香山　インドに行く前から、そういう試行錯誤があったのですね。

小野　ありました。前世のころから、たとえば服は十着以上持たないとか、ものも極力持たないとか、そういう生活に切り替えていました。とくにコロナ禍では、箱根でずっと木こりのような生活をして、チェーンソーで倒木を切り、薪《まき》割りをしながら、なるべく化石エネルギーを使わない生活をしようと、その実践を始めていました。それもあって自給自足の生活をしてみたいと妻を口説いてオーストラリアに行った後に、たまたまインドに行って、そこで佐々井上人に出会ってしまって、この姿になったわけです。

香山　蛇足とは思いますが、一応聞いておきますね。その後も、〝あ、これ欲しいな〟とついものを買ってしまう、ということはないのですか?

小野　ほぼなかったと思います。仏教では、生命すべてが互いにつながりフラットだという概念があるので、その考え方を持つと、自然への配慮が生まれやすくなる。環境破壊に対しても気遣いができるようになって、ご飯を余さないようにしようとか、服は買いすぎなくていいとか、アマゾンでポチろうとしたときに、どうせゴミになるんだからやめておこうといった発想も持てるようになる。自分もそれによって、まず個としての内面がすごい救われたし、楽になりましたので。

「拡大」を続ければ、地球も人間も滅びかねない

香山　今の世界を動かしているもののひとつに、「飽くなき欲望」がありますよね。龍光さんはその対極の生き方を実践しているわけですが、それについてはどう思われますか。

小野　ものをもっとつくって消費し、その規模を拡大することが正義という考えが広く蔓延《まんえん》していているように感じています。そして自然がどんどん汚されていっている。それが直接の原因かはわかりませんが、少なくとも今、起きている地球温暖化にとってブレーキではなくアクセルがかかる方向だと言えるのではないでしょうか。洪水などの自然災害も、日本だけではなく海外でも増えて、日常生活での影響も大きくなってきていると思います。「もっと」生産や消費をという道は、どこまでも心が満たされない苦しみをもたらすどころか、自然という自分たちの足元を崩し、これから先の数世代に対して、たいへんな苦悩をもたらす道かもしれない。個人的に、そんな危機感を持っています。

香山　でも皮肉なことに、ある意味それを現実ととらえて、そこから一足早く脱出しようと考えているのは、一部の大金持ちなんですよ。アメリカでPayPalを始めたピーター・ティールとか、イーロン・マスクもそうですけど、彼らが次に何を考えているかというと「イグジッ

ト」。つまり、地球からの脱出です。地球を出て火星に行く計画を、イーロン・マスクはまじめに考えているじゃないですか。地球はもう駄目だと。地球は貧しい人たちがうごめく場所で、自分たちは別のところにイグジットするということを本気でやろうとしていますよね。

小野　人類の新たなチャレンジには期待したいですが、一方で、自然の前では人間は実にちっぽけな存在である謙虚さを忘れぬことも大切ではと考えています。足るを知るの考え方で環境破壊に対してブレーキをかけようとしたって、自然の変化に対してはそれがあってもなくても変わらないレベルかもしれません。ですが、せっかくある程度知恵を持って生まれた生物種として、自然に対し驕《おご》らずに、それぞれができることから始めていくのが大切ではと考えています。

香山　私がいる穂別というところは、白亜紀の化石の発掘で名高いところなんです。アンモナイト、海の爬虫《はちゅう》類などの化石が見つかったのですが、そのなかでも大発見だったのが、二〇〇三年から発掘が始まった恐竜化石です。ほぼ全身の化石が出て、二〇一九年にカムイサウルスという名前がついて、今、その全体が展示できる博物館を新しく建築し直す準備をしているんです。恐竜って、絶滅したわけですよね。地球では今まで五回の大絶滅があって、それらの絶滅は隕石《いんせき》や気候変動とか、そういう外からもたらされたものだったけれど、第六の大絶滅は、人間がもたらすと言われています。

小野　今のままでは集団で自滅に向かっていくかもしれないと。

香山　そう。人間が自分の手で自分たちを絶滅させるんじゃないかと。そのカムイサウルスという恐竜を発掘した北海道大学の小林快次《よしつぐ》先生という恐竜学者も、絶滅はもう避けられないけど、手をこまねいて、人間がそれに手を下すのをただ見ているのではなく、知恵を出して、遅くすることができるんじゃないかと言っています。龍光さんと同じですね。そういう意味では、それを仏教的に業が深いというのかもしれませんけど、人間の欲が結局は自分たちを滅ぼしていくわけでしょうか。

人のために一ミクロンでも役に立てればいい

小野　我々が自身の欲で滅ぶかどうかはわかりませんが、自分の欲が自分の苦しみを生むというのは、まさにブッダの教えの中心です。とはいえ、ブッダには会ったことがないので、本当にご本人が言ったかはさて置き、仏教を勉強すればするほど、二千五百年前にとても実践的に役立つ学び、知恵がもたらされていると思っています。僕は、正直、一時期自死も考えるぐらい苦しんで悩んだことがあったけれども、個人としてはその学びによって大分救われて、今は、本当におだやかな生き方ができています。

二千五百年ごときではホモ・サピエンスとしての遺伝子の進化なんてほとんど目に見えない。でも、薄皮未満ぐらいは成長していると信じて、希望を持って、せっかく二千五百年前に人類に与えられた知恵を絶やさないように紡いでいけるよう、一ミクロンでも役割を果たせればと思っています。

香山　といって龍光さんの目的としては、別に布教ではない。

小野　布教ではないです。実は本の出版についても、いろんな出版社からお話をいただいても、自分は本を出すような価値のある人間ではありませんと申し上げてきましたし、自分から仏教とはこういう考えですよと求めてもいない方に押し出すことは避けようと思っているんです。ただ、縁があって、自分のところに何かで苦しんでいる方がいらっしゃることがあれば、あくまで自分なりの理解の範囲で時にはソクラテスの話もしますし、ブッダの智慧《ちえ》の話もさせていただく。その規模を広げることは目的にせず、縁があった人に多少なりとも役に立つならばというスタンスです。

そこで規模を追うと、結局、誰かの役に立ちたいと始めながら、気がつけば自身の数字の拡大ばかりにとらわれて苦しんだビジネス時代の自分を、立場をかえて繰り返すことになります。

そもそも自分は得度をしただけで「僧侶」という立場ですらなく、お困りの方から求めていただくならば、できることを努力させていただくだけの人間です。

香山　日本の既存仏教はどうなのでしょうか。

小野　それを語れるような知識などない前提でのお話ですが、日本の主要な宗派をそれぞれ回らせていただいて感じたのは、宗派によって同じ仏教でもずいぶん特色が違うのだなということです。後から学ぶうちに表面的ながら理解した範囲でしかありませんが、日本の仏教は、ブッダの時代から千年ほどの間インドで変化を重ねた教えに、さらに中国での編集が加わり、さまざまな経典に分かれた状態で伝来した背景があるため、ブッダのオリジナルの教えとは異なるようにも見える、独自なさまざまな教えへと発展を遂げているということです。それぞれの宗派の教えはすばらしいものの、仏教を学ぶ一個人として見たときには、教えの多様性を感じさせながらも、全体としての仏教がとらえづらく難しい。そんなふうに感じました。

香山　でも、得度するというのはやっぱり何かの決意表明なわけでしょう。

小野　もちろん自分にとっては大きな決意とともに受けましたが、自分は自身を変えたいという強い希望があったから、得度をさせていただき、その後の仏教の学びへの大きな機会となりました。とはいえ「得度する」こと自体は、いわば儀式なんです。洗礼も同じだと思いますが、儀式そのものに意味があるわけではなく、自身を変えたいという願いを持つ人が、儀式というものを通して自分の心を入れ替えるというきっかけを手にすることに意味があるのではないかと考えています。

自分は、とくに信仰心があったから得度したわけではないのですが、得度により大きく生き方が変わったのは事実です。個人的にとても悩み苦しんで生き方を変えたいともがいていたからこそ、得度が自分にとっては大きなきっかけとなった。佐々井上人とのご縁により、仏門をくぐらせていただくことで、いわば生命を救ってもらい新たな生き方を授けていただいた。それは自分にとっては、一生かかっても返していきたい恩なわけです。その気持ちを元に、仏教的な生き方を実践しながら、縁ある範囲で、人さまのお役に立って生きていきたいと願っています。

＊小野註：佐々井秀嶺上人について詳しく知りたい方は入門として次の三冊をご覧ください。刊行年が新しい順。
白石あづさ『世界が驚くニッポンのお坊さん　佐々井秀嶺、インドに笑う』文藝春秋、二〇一九年
佐々井秀嶺『必生　闘う仏教』集英社新書、二〇一〇年
山際素男『破天　インド仏教徒の頂点に立つ日本人』光文社新書、二〇〇八年

第二章　あるがままに生きるということ

自分をゼロリセットする清々《すがすが》しさ

香山　お話を聞いていると、今の龍光さんは昔に比べて非常におだやかで心の平安を取り戻されている感じがします。これは読者を代表しての私からの質問なんですが、インドでいきなり得度をされ、がらりと生き方を変えることへの逡巡はなかったんですか。私なんかは、えいやと僻地医療に飛び込んだものの、恐れとか迷いとか、いまだにその渦中にいるんですけれども。

小野　ありがとうございます。まず、ありましたとお答えしていいのか、そこがちょっと難しいんですが。ほとんどの人がそうだと思うんですが、おまえ坊主になれと言われて、坊主になったら何になるのかということがまったくイメージできないわけですよね。そこに対するまず逡巡というか、なったところでどうなるのというのが何も見えなさすぎる。一般的なキャリアであれば、たとえば弁護士や医者になれば、こんな感じだろうと、なんとなくぼんやりとあると思うんです。けれども、たまたま訪れたインドにおいて得度をする、そうしたらどうなるんだなんて、想像もつかないわけです。だから、こうなったらどうしようというものも見えないから、逡巡や迷いというものに対しても具体性がなく、曖昧模糊《もこ》としている。

あとはもうひとつ、仏教というものに対してほとんど接点を持たずに今まで暮らしてきて、宗教に対しても若干ばかにしていると言ったら失礼ですけども、宗教なんて必要ないと思ってきた人間が宗教を司《つかさど》る側に回っていいのか、失礼ではないのかという逡巡はありました。逡巡ということではそれがメインだったと思います。

自分の生き方が変わることに関しては、そもそも変えたいと思っていたし、変えかけていたタイミングでもあったので、そこに対する逡巡はありませんでした。いろんな選択肢があるなかで、坊主になってどうなるのというところと、こんな自分が二千五百年続いてきている歴史に触れてしまっていいのかという戸惑い、それが一番大きかったですね。

香山　率直にお話しくださり共感が深まりましたが、その戸惑いや逡巡をどう払拭なさったんですか。

小野　僕の師匠となっていただいた佐々井秀嶺上人との時間が重なるなかで、難しく考えずに、ただただ人さまのために役立つという生き方をすればよいのだという思いが強まっていった。道はよく見えないけれど進む方向さえ正しければいいんだ。むしろそちらに進んで確かめてみたい。そんなふうに心が定まっていった感じでしょうか。

香山　なるほど、その感じはわかる気がします。私も東京で大学教授と精神科医をやっていたんですが、二年前にいきなり僻地医療に携わるということで、東京での仕事、活動などほとんど全部やめて北海道の山奥の診療所に行きました。そうして行動を起こしてから、周囲のみんなによく言われたんです。地域医療がやりたいなら東京近郊でもできる場所はいくらでもあるから、まずそこから始めればよかったんじゃないのとか、大学教員をいきなりやめなくても、兼任しながらでもできたんじゃないのとか、いろいろな選択肢があると提示されて引き留められました。

でも私の場合は、これまでと違ったことをしようと思ったときに、がらりと変えるほうがやりやすい気がしたんです。今までの生活スタイルを保ったまま、拠点や肩書きも変えないまま、これまでと違うことをやるほうが、どういうスタンスで向き合ったらいいのかわからないし、どこからどう変えるのかを考えるほうが面倒くさい。それだったらもう全部やめて、すぱっとやるほうが、イメージもしやすかったし、準備もやりやすそうだと思ったんですよね。それは龍光さんも同じじゃないかと思って。がらりと変える、全部やめるほうがむしろやりやすいし、気持ち的にも楽だという面はありませんでしたか。

小野　おっしゃるとおりだと思います。そもそも得度することを決める前から、住む国を変えたり、次に働く業界も、自然環境問題とか、これまでとまったく違うものに変えようと考えていたので、ある種ゼロリセットしたいという思惑もありました。インドでの旅行中に、突然おまえ坊主になれと言われて、まったくイメージが持てないままその世界に飛び込むのは、本当にゼロリセットに近いですよね。これが日本で、日本のどこかのお寺のお坊さんに得度しなさいと言われたのであれば、まだ多少は、日本のお坊さんとしての生き方のイメージは持てるわけですが、それすらもないのは、ある種完全に、ガラガラポンになりますよね。とりあえず、いったんリセットしてみる。でも、進むべき道としては、人さまのためになればいいんだということだけははっきりしている。そういう組み立てやすいゼロリセットの清々《すがすが》しさはありましたね。

香山　そう、組み立てやすい。がらりと変えるほうが、わかりやすいし、自分のなかでも納得がいく。ある意味、清水の舞台から飛び降りるみたいな。仏教の人に清水の舞台から飛び降りるというのはどうかと思いますけどね（笑）。

小野　面白いですね（笑）。頭を丸めることは、「こう見られたい」という自分を捨て去る行為でもありますよね。それに象徴されるように、いろいろなとらわれをそぎ落としますということが得度におけるひとつのポイントで、それまでの生活での、こうありたい、こうあらなければいけない、というものに決別をする。それまでの既成概念やとらわれを髪の毛とともに一度捨ててみてしまう。その先はよくわからないけれども、ただただ人さまのためにという方向へ進めばいい。そんな思いが生まれて、すごく救われた気持ちはあったんです。それまでの自分は、ただでさえ迷い苦しんでいた。長い間信じてきた価値観――数字、経済指標を拡大することが正しいという考えはもはや頼れなくなってしまった。この先、どの国でどのように生きていくかすら、明確に固まっているわけではない。そんな状態で、旅行中のインドで得度して日本やオーストラリアに渡ったら、どういう立場かもますます曖昧な存在になる。そういう自分のなかで持っているいろんな迷いを全部一回洗い流して、よくわかんない、見えないところもありながらも、とりあえず仏道を頼りに、人さまの役に立つ生き方で恩返しをしていこうという方向が決まったのは、すごく進みやすかったのかもしれません。中途半端にとらわれたものがあったら、そこに引っ張られる自分がいたと思うんですけど、たまたまうまくゼロリセットできた。先ほども言いましたけど、清々しいという表現が一番しっくりきます。

人との縁《えにし》が、踏み切る原動力に

香山　清々しいですか。いいですね。そんなふうに清々しく清水の舞台から飛び降りることが、一生で何回できるのかなと、ときどき考えるんです。前にお話しした私の知り合いでも、エリート商社マンや商社ウーマンだった人が、突然国際的な紛争地で活動するようなNGOに入って、お給料なんてほとんどもらえなくても、すごく楽しそうにそこで働いているのを見てきていますしね。でも、その後、何か違うことをやりたくなっちゃったらどうするのかな。

私も、今の診療所も定年があるので、そんなに長くはいられないんですよ。その後どうするの、また東京に戻って医者をやるの、それとも離島や紛争地帯の医療機関に行くの、とよく聞かれるんですけど、龍光さんは人生の方向をさらに変えるというようなことを考えたことあります？

小野　さらに変える。未来はまだ来ていないのでわかりませんとしか言いようがないんですけど、今お話をしていてあらためて思ったのは、私にとって佐々井秀嶺上人という方との出会いがいかに大きなものだったかということです。八十九歳という高齢で、本で読んでいたなかでもすごいと十分に感じている方にお会いして、現地の方々と触れ合う様子を直接見て、本当に命を削って人さまのために生きているというのを感じたわけですね。それは衝撃でした。何というんでしょう。立場が偉い人だから、本で見て有名な人だからとかではなくて、やっぱり実感として伝わるすごみを持っていらっしゃる。そんな方から、おまえは得度するんだ、俺が衣と名前を用意してやるというふうに言っていただいた。佐々井上人が高齢であることも含めて、自分の人生を変える機会として、これほど有り難い機会は二度とないかもしれないと思ったことが大きかったと思いますね。

香山　あぁ、そういう人との出会いも大事ですよね。お上人以外には、今までの人生でそこまで自分を変える出会いはなかったですか。

小野　あります。過去に何名かおります。子供のころからコミュニケーション障害のようにほかの人と話すのが苦手だったなかで、高校時代にたった一人の友人と出会ってから劇的に自分の人生が変わったという経験もありますし、大学に入ってからもそういった出会いがありました。ですので、縁があって、誰か引き立ててくれるような人との出会いによって、そこからがらりと変わったのは今までもあったし、今回の佐々井秀嶺上人とも、まさに人生を変える出会いとして縁が起きたのだなと思っています。

　これはちょっと蛇足になるんですが、僕にとって佐々井上人と出会うインドへの旅は三回目のインド訪問だったんです。実は、佐々井秀嶺上人にお会いする五、六年前に、友達と、ブッダが悟りを開いたブッダガヤに旅行に行ったこともあるんです。それは、仏教に興味があったというより哲学的な思想としてのブッダに興味があって訪ねたんですが。でも、そのときのインド旅行では仏教の聖地とも言える地を訪れながらも、佐々井秀嶺という人物にはまだ会えてないし、知りもしていない。だから、五、六年前の自分には佐々井上人との縁は起きなかったんですね。
当時だって、何か自分のなかでモヤモヤしたものがあって、その答えを探しにブッダガヤまで旅行したのに出会えなかった。にもかかわらず、たまたま去年インドへ行ったときには、その存在を知る機会が生まれ、佐々井上人の本を読んだだけでもすごく感動したうえに、ご本人にも会えて、得度しろとまで言っていただいた。そして、年に一度の一番大きな仏教イベントももう間近に控えている。「おまえはそこで得度するんだ」とまで道を授けていただく。当時は、何か全部、外堀内堀を埋めてお膳立てされているかのような不思議な縁を感じました。これもある種の自己暗示なんですけど、そのように感じたというのがあります。

香山　やっぱり、機が熟したという感じがあったんですね。それは、そのときじゃなかったらいけなかった。その前でも後でもきっと違ったわけですよね。

小野　はい。縁＝えにしというもの。これは仏教用語でもありますし、もともと好きな言葉だったんですが、まさにこれは縁《えにし》でしかないなと思っています。誰しも、自分には無理かもとか、チャレンジしても意味ないとか、そういった既定の観念から勇気を持って離れて、心が動く方向に進み続けていれば、そういう人生を変えるような縁を起こしていけるのではと考えています。

香山　そこまでお伺いした後で、ちょっと意地悪な質問なのですが、いつかずっと先、また以前の生活に後戻りする可能性はあるんでしょうか。またＩＴ業界に戻ったり。

小野　未来のことはわかりません。よく言うんですが、五年後に西麻布でシャンパン開けながら、時価総額一兆円目指そうなどと言っている道も可能性としてはゼロではないかもしれません（笑）。ですが、今かなり心おだやかな生き方、生きるべき方向性、道を自分なりに得つつあるので、願わくは、今の道を進み続けたいと思っています。

香山　でも、退路を断っているというわけじゃないのですね。

小野　まぁ、まだ命は今のところありますからね。

香山　とても安心しました。私も僻地の診療所に行くときに、そこで、じゃ、ここに骨を埋《うず》めますかというようなことを言われたらどうしようと思ったんですね。そこまでの決意もまだなかったんです。ただ、幸い私の診療所の所長が、骨を埋めるなどと考えたら長続きしないから、週末はここのことは忘れて、別の場所に行って違うことをするなり家族と団らんするなりのほうがいいですよと言ってくれました。私としては、あ、なんだ、それでいいのかと、一気に安易なほうに流れていったんですね。

でも、尊敬する中村哲医師はそうじゃなかったと思う。いつかアフガニスタンから帰ってきて、東京や福岡で病院を開業でもするかなんて、そんなこと考えてもみなかったと思うんです。アフガニスタンでああして命を落とすことを予想していたという話もあります。どうすればそんなふうに退路を断って、自分の使命を全うできるのかと、ときどき考えてしまいます。

小野　人さまのことはわからないですが、それぞれにおいての自然体が一番いいのではと思っています。自分の場合、人さまの役に立つという道であるかぎり自分の生き方も風が吹くまま、水が流れるままに、そんな感じなんですね。その方にとって、それが別に極端だとは感じずに、これが自然体なんだと思えれば、それでいいと思うんですよね。ひょっとしたら僕も将来、たとえばアフリカのほうに行って、人さまの役に立つために自分はこれをやるべきだというものを何かひとつ見つけて、そこにつぎ込むという未来が起こることもあるかもしれない。そのときに、自分の心も含めて無理なく自然に受け入れられるものであれば、選択するべきものなんじゃないかなというふうに思います。

香山　なるほど。私、修道女のお友達も何人かいるんですが、私は本当に彼女たちのことを尊敬というか、驚異の目で見ているんです。だって、彼女たちはたぶん、俗世には戻らないんですよね。どうしても戻りたければ、その手続きがあるのかもしれませんが、東京のど真ん中に住んでいる修道女もいます。でも、そうした資本主義的なゲームに巻き込まれずに、神さまに祈る禁欲的な生活を続けている。話せば普通の人で、冗談も言うし、落語が好きなんだよとも言う。でも、いっとき落語を楽しんだとしても、この人たちは修道会の家に帰るんだと思うとすごいなと思ってしまう。その人たちにどうしてそうなったのかと興味があって聞いてみると、ある日、バス停で神さまが自分を呼ぶ声を聞いたという人もいるんですよ。

小野　信心が生まれる、貴重な体験となったのでしょうね。

香山　そう。大病をして命を失うと言われたけれど助かったとか、神を直《じか》に感じる経験をしている人も多いですね。それなら納得いくような気もするんですけど、意志の力だけで信仰者としての生活を徹底できるというのは、興味もあるけど、すごいなと思います。

小野　自分の場合は、今の生活が無理を押して守ろうとしているものではなく、楽しさや喜びを感じるものだから、自然と続けられているだけかもしれません。

香山　エジプトのコプト修道院ってご存じですか。

小野　いえ、知らないです。

香山　キリスト教の始原的な形態はエジプトに残っているといわれます。コプト修道院では、修道士は修道院から一歩も出ないで、一生を過ごすんです。会計係やつくった農作物を出荷する係は、たまに町のほうに行きますが、基本はその敷地内で働いて、祈って生活するというスタイルが死ぬまで続くんです。それがあまりにも不思議だからと、たまに取材のカメラが入ることもあって、映画などにもなっているんですけど、皆さんすごく充足していてね。無理やり、苦しいけど、やっていますみたいな感じが一切ないんです。思いつめてない。むしろ解放されてます。

小野　たとえば、佐々井上人も風呂なしで、バケツひとつトイレの生活ですけれども、ご本人は、それを苦にしている様子は一切ないのです。その生活そのものが自然体なんです。自己を捨てて他者のために生きるとはいえ、何か悲壮感があるわけでもなく、時にガハハと笑ったり、子供のようなうれしそうな顔をされたり、苦しんでいる方とともに泣きじゃくったり、生き方そのものが自然体なのだと感じております。

香山　佐々井さん以外、あの人みたいに生きたいという人は誰かいますか。

小野　とくにはありません。すばらしいなと感じる生き方をされていらっしゃる人はたくさんいますが、その人の人生はその人しか生きられない。ほかの善いところは学ばせていただきつつ、自分は自分の人生に向き合って生きていく。そんな考え方をしております。

煩悩は「ボヤ」で消す

香山　私はまだまだ俗世間の煩悩に振り回されることも多いんですが、龍光さんは、得度されてから煩悩が頭をもたげてくる瞬間があったりするんですか。あるがままにといっても、そういうものが邪魔して心おだやかでいられなくなることってありますか。

小野　生きているかぎり、欲は一〇〇パーセントなくならないものだと思います。なぜならば、呼吸を止めたら死にますよね。呼吸って、ある種の欲じゃないですか。でも時に、どんどん膨らんで苦しみにつながりうる、煩悩と呼ばれるタイプの欲というものも、生きている以上は生まれてしまうものだと思うんです。そういうときは、瞑想《めいそう》などを通して欲を流すという実践を日々重ねると、欲が膨らんで手に負えなくなることに悩まされにくい自分を育てていけると実感しております。これは筋トレみたいなもので、実践していくうちに鍛えられていくものだと思います。雑念や煩悩が浮かんできても、すぐその瞬間に流していく。

煩悩というのは膨らんでしまうと、自分でも抗《あらが》えなくて、膨らんで炎が燃えているということにも気がつかず、炎のなかに吸い込まれるような状況になってしまうと、消すのは苦しいし、消すのに時間もかかる。でも、ボヤの段階であれば、消しやすいでしょう。

瞑想という馴染《なじ》みのない方には、何か特殊なことのように感じられるかもしれませんが、要は呼吸を意識することが大切だと考えています。これはけっこう実践的なんですが、とくに鼻腔《びこう》の息の出入りで空気があたる部分の触覚に意識を集中する。何かで心が乱れているときは、呼吸に変化が出るものなので、呼吸の変化に意識を持つことで、自分の肉体的、あるいは心的な変化に気づきやすいんですね。自分が今、怒りを抱えているんじゃないか、欲がもたげているんじゃないか、焦りじゃないか、緊張しているのかということも、呼吸の意識を通じて気づきやすい。そうすると、あ、自分は、今よろしくない状態になっているかも、と気がつけて、深呼吸をしたり、体の緊張をほぐしたり、一拍置くことで、少し心を落ち着ける機会が生まれる。日常から呼吸に意識を向けることで、心に乱れを起こしそうな欲や雑念を流すよう試みる、ということは日常でも効果的ではと感じております。

「息の出入りに気をつけて」というのは、経典でも語られており、すごくシンプルながら実践的なブッダの教えなんじゃないかなと思います。

香山　具体的には、呼吸のテンポがちょっと変わるとか、ゆっくりしていたものが速くなるとか、そういうことですか。

小野　はい。焦りや怒りが生じているときは、体が無意識のうちに緊張状態になり、体がこわばり、呼吸が浅くなってしまう。しっかりと二酸化炭素を吐くことができなくなり、そのため十分な酸素を吸えなくなる。そうすると、本人も自覚してない間にどんどん脳にフレッシュな酸素が行かなくなって、冷静な判断力が失われ、感情や欲に流されやすくなり、ネガティブな状況に引きずり込まれていく。そう考えています。

自分はまだ瞑想の初心者でしかありませんが、もしかしたら得度前のランニングの体験によって、呼吸への意識づけは鍛えられていたのかもしれません。ランニングでも、呼吸への意識を持つことで肉体だけではなく心の状態も改善できた体験があったのですが、瞑想における効果にも同じようなものがあるのではと、感じています。

香山　瞑想は一日にどのぐらいされるんですか。

小野　時間はあまりこだわっていません。基本的には毎朝、日の出前後に、数十分から一時間半ぐらい、瞑想しています。長く瞑想をすればよいというのもとらわれになるので、あまり時間は意識せず、そのときの流れに任せています。朝瞑想ができないときは、散歩中に呼吸に意識を向けて瞑想状態をつくったり。今日もここ東京駅から三十分ぐらいですけど、歩行瞑想をずっとしてきました。お遍路で四国を歩いたときは毎日十二時間ぐらい歩くので、そういったときは一日の大半がほぼ瞑想状態にあったりもします。大切なのは継続ではと勝手ながら考えております。

早起き、散歩、挨拶、お掃除の効用

香山　ランニングをしたり、自然に触れたり、呼吸に意識を向けたり、龍光さんは自分のなかの違和感にかなり前から気づいて、それをなんとかしようといろいろ模索してこられたわけですよね。そして、今の日本の経済システムのなかから抜けて、他者、誰かの役に立つための人生へとシフトチェンジしていこうとなさっている。龍光さんのように自分のなかの違和感に気づいて、やっぱりこれはおかしいと思っている人はたくさんいると思います。また、私は精神科医なので、それ以外の生き方があるとも知らず、ただなんだか苦しいと訴える人も多く見てきています。資本主義的な、新自由主義的な競争価値社会のなかで、息苦しいと感じている人たちは本当にたくさんいますよね。

小野　この違和感は何だろうと、そういった疑問を持っている人は少なくないかもしれませんね。

香山　そう。まさにこの違和感は何なんだろう、なんで私は生きづらいんだろうと悩み、これは私の努力が足りないからじゃないか、頭が悪いからじゃないかと自己責任寄りに考えて、苦しんでいる人も多いんですね。今の社会にはびこる自分本位主義の流れのなかで、そこに合わなくなってきている人がどんどんあふれ出しているのが現状です。

その先どうするかは、その人それぞれだと思うんですよね。別に得度しなくても、ボランティアでもいいかもしれないし、やっぱりここで耐えて生きていくという生き方もあると思う。だけど、まずそこに気づくということが、すごく大事だなと思うんです。龍光さんのように、たくさんのものを一気に手放すという選択が皆できるかはともかくとして、自分の苦しみの原因がどこから来るのか気づくことで、持たないことがかえって心の平和につながるという道筋も見えてくる気がしますね。

小野　おっしゃるとおりで、持っていたものを捨てたからこそ、こだわり、とらわれていた自分に気づけるというのは、たしかにありました。髪の毛なんかまさにそのひとつです。大切なのは、苦しみの原因は、実は自分のとらわれが生み出しているということではないでしょうか。これはブッダの教えのコアでもあるのですが。「捨てられない」と強く感じるものこそ、とらわれを生み出し、それが苦しみにつながる。ですので、心の平安を得るには、何もかも一気に手放したり捨てたりすることが重要なのではなく、「これは手放せない」と感じるものほど、距離を取ることが重要なのではと思うのです。それも、捨てるか否か、ゼロかイチかという選択だけではなく、完全に離れずとも、苦しみをもたらさない程度に、ほどよい距離感を保つ選択もあるかもしれない。

たとえば、僕にとっては数字や他者の評価が自分を大いに苦しめる対象だったので、それらからは大きく距離を取る選択をしましたが、一方で、本来インドで「出家」に求められる妻との離縁はしてないわけです。つまり世俗から一切離れる「出家」はしていないわけです。ですが、自分がとらわれていたものからは離れられたので、とても救われたわけです。「出家」という形にこだわっていたわけでもないので、妻帯したままでいることに苦しむわけではない。これはあくまで自分にとっての「苦しみ」から離れる選択の仕方でしかなく、人によって苦しみの対象も変わるでしょうし、どの程度その対象から離れるべきかも、その人の選択次第だと思っています。

香山　先ほど呼吸に意識を向けるやり方を教えていただきましたが、それ以外に誰もができる方法はありますか。とらわれから一時的にでも離れられるような。

小野　皆さんご自身の生活をしているなかで、呼吸へ意識を向けることと合わせて私がお勧めしているのは、早起き、散歩、挨拶、お掃除です。これまでさまざまな苦しみを抱える方にお勧めさせていただき、かなり効果が生まれている方もいて、なかには統合失調症だとかうつ病が快方に向かい、ひきこもりから少しずつ社会的活動ができるようになったとおっしゃる方もいらっしゃいます。すべての人への処方箋とはならないでしょうが、お金もかからず体さえ動けばできることでもあり、自分なりには生理学的にも有効性があるのではと考えております。すみません、お医者さんは違うとおっしゃるかもしれないですが……。

香山　医者だったらこうする、でも、龍光さんとしてはこうするみたいな、違いがあってもいいですよね。こうやって話していても、「それは精神医療や心理療法と同じですね」というのもあるし、「ちょっと違いますね」という部分もある。

小野　そうですね。正解はひとつである必要はないと思います。人それぞれに、さまざまな苦しみがあるわけですし、その状況も随時変わっていくものですので、万人に共通して有効な薬とか宗教や解決策は必ずしも存在するわけではないんじゃないかと思っています。

どこまで他者の悩みにつき合うのか

香山　龍光さんは、得度されてからの活動のひとつとして、いろんな方の相談に乗っていらっしゃるということで、それについてもちょっとお聞きしたい。精神科医は診療をしたり、カウンセリングをしたりするにあたって、一定のトレーニングを受けるんですね。そのトレーニングのひとつに「線を引く」というテーマがある。つまり、患者さんとの距離の取り方です。その線が明確にあるわけではないけれど、共感しつつも、ある程度は距離を置いて巻き込まれないようにしたり、また、自分を守るためにも、ここまではできるけど、これはできないとか、患者さんに対して線を引いて対処するんですね。それでもうまくいかないことは多々あって、「今、部屋にいてこれから命を絶ちます」という電話が診療所にかかってきたら、「五時になりましたので診療は終わりました」とは言えないですよね。

とはいえ、二十四時間いつでもいいですよとは決して言わない。「治療を構造化する」と私たちの言葉で言うんですけど、外では会ったりせずに、時間や場所も指定して、お話があったら来週の火曜日の決まった時間に病院に来てくださいと言って、それ以外の木曜日や金曜日に来ても、いや、今はお応えできませんとお断りする。なるべくそういうふうにきちんと構造化したなかで診察していくようにしないと、患者さんを依存的にさせてしまうことになるし、こちらも相手に対して見境がなくなってしまうとよく言われます。龍光さんは、カウンセリングルームで、六時になったらおしまいですとやっているわけじゃないので、どうやってその辺はうまく線を引いたりなさっているのか、興味があります。

小野　時間的な線を引くということはとくにしておらず、そのときの流れに委ねつつ、可能なかぎりで、とさせていただいてます。たとえば講演をさせていただいた後、個別にお話を希望する方がいれば、次の移動まで時間が許すかぎり、お話をお伺いさせていただくこともありますし、お遍路中のようにとくに決まった旅程がないときは、何かご相談をいただければ、次の地へ向かうのをやめて、その場に二時間、三時間止《とど》まってお話をお伺いするということもありました。オンラインの相談窓口である「龍光ポスト」にいただくご相談も、誰かほかの方とお会いしてお話を伺う機会が続くときなど、ごめんなさい、お返事が二日遅れましたみたいなこともあります。あまりこうでなくてはならないと細かくこだわらずに、可能なかぎり早めにお戻しするよう努力はしつつも、その状況と縁に身を任せるといったスタンスです。

僕もこういう立場になってまだ間もないころは、今、香山さんがおっしゃったように、自分が誰かの悩みに引きずり込まれることもあるのだろうかといった心配もありましたが、有り難いことに今のところおだやかな心持ちでさまざまなお悩みに向き合わせていただけています。ベースとしての考え方は、相手さまの心なんてものは他人である自分ごときが完全にわかるはずもなく、なんとかできるわけではない。もしかしたら、ほとんど何もできないかもしれない。そんな心持ちが土台にあることが、ある種の線引きとなっているのかもしれません。けれども、縁をいただいたからには、できるかぎり真剣に向き合って自分なりの言葉を伝えさせてくださいませ、と、そんなスタンスです。

香山　お寺でそういう相談に乗っている方もいて、よく思うんですが、診療所なら何時で終わりとか区切りがあるけど、お寺のご住職さんは二十四時間ずっとそこにいたりするわけだから、オンとオフの切り替えってできないじゃないですか。

小野　そうですね。佐々井上人の場合はさすがにセキュリティーの問題もあって、夜は扉を閉じています。でも、開いているときは、いろんな方がアポなしでたくさんいらっしゃいますね。自分はひとつの場所にいるわけではなく、あちこちお呼びいただくままにフラフラしている身でドアなどもないですので、自分が注げる時間があるかぎりはいつでもどこでもどうぞ、とさせていただいてます。

香山　そういうときも、龍光さんはいつも僧衣を着ていらっしゃるわけですか。

小野　外に行くときは、基本、袈裟《けさ》、衣を着ています。でも、お掃除のときや寝るときなどは作務衣《さむえ》姿です。

今の生き方に「オン」「オフ」はない

香山　つまり、龍光さんが余暇に、Tシャツ着て、キャップかぶって、仏教者である自分から離れるなんていうことはまずないんですね。

小野　そもそも、着られる服は衣と作務衣以外は手放しましたので、どちらかの格好のみとなりますね。どのように他人さまから見られたいといったとらわれの苦しみから離れるために、髪の毛を落として今の生き方を始めてますので、どういう姿の自分でありたいと服にこだわり始めたら、また余計な苦しみを自ら生み出すことになってしまう、といった感じでしょうか。

香山　医者と全然違いますね。プロテスタントの牧師さんも基本はそうであるはずでしょう。だけど、それが今、牧師の家族問題という形で出てきているんですよ。牧師さんはだいたい牧師館という教会の隣のおうちに住んでいらっしゃる方が多いんです。もちろん信徒の方の葬儀などには二十四時間対応しているんですが、時に夜中でもかまわずやってきてドアホンを鳴らし、「先生、お話聞いて」みたいな人がけっこういらして、そのまま何時間でもいたりする。そうすると、子供もいるのに、家族の人が耐え切れない状況になって、みんな心が崩壊してしまう。だから、だんだん「通いの牧師」が増えてきているそうです。マンションに住んで、九時―五時みたいに定時のお仕事として牧師業をやる。実は、私のいる診療所のある穂別にいるとそれができません。外に出ると、ふらりと出かけた散歩であっても、どこで何をしていたか、みんな知っていて、まったく匿名になれないんですよね。私はある程度、消えられるオフがあったほうが助かるんですけど、龍光さんには、それはないんですね。そして、それでも平気なんですね。

小野　そうですね。自分の場合は、生き方として選んでいて、仕事として選んでいるわけではないんですよね。生き方として変わりたいと思っているので、むしろ、人さまのお役に立てる機会があるのは自分としてはとても有り難い時間でもあるわけです。とはいえ、眠らなきゃいけないですし、休まないといけないときもありますけれども、幸いにして今のところこのスタイルでも心おだやかに過ごさせていただいております。

あと、自分の場合は、どこにもほとんど定住所を持たずに、常にさ迷い続けているような生き方をしているということも、ひょっとしたらポジティブな意味での影響があるのかもしれませんね。

香山　住所不定と簡単におっしゃるけれど、物理的に不便なこともあるのでは?

小野　それはまったくないどころか、ものすごく解放的ですよ。寒くなってくるとなかなか難しいですけど、あちこち歩いていて眠くなったら、人さまにご迷惑がかからなそうな場所さえ見つければ、寝袋をぱっと広げて、そこで寝りゃいいんだって、何も縛りがないんですね。とても楽ちんです。

香山　とても俗っぽい質問かもしれませんが、食べるものなどはいかがですか。ファーストフードやコンビニなどは利用するのでしょうか。

小野　食物も、人さまからいただく以外はほぼ口にしませんので、店などは利用せず時に腹を空《す》かして過ごす時間もあります。でも、だからこそ時に人さまからいただく食物は、どんなものでも、とても有り難くおいしく感じられたりもします。そもそも数日くらいは、食べられなくても別に死なないですし、かえっていいダイエットになったりもします（笑）。ただ、夏のお遍路中はやはり喉の渇きに苦しんだことはあります。自らは水すらも買わずに、コンビニがあろうと、自販機があろうと、やせ我慢して過ごしていました。そういうときに沢の水が見つかったら、それまで意識できてなかった自然の有り難さに感動できたりもする。ちょっとストイックすぎましたが（笑）。

香山　厳しさはあるけれども、むしろ解放感のほうが強いという感じなんですね。

小野　はい、そう思っております。

息をして飯を食って排泄《はいせつ》して寝ることだけ

香山　そこまで徹底しているとは驚きです。どんなに喉が渇いても、コンビニで水さえ買わない。何が龍光さんをそこまでさせるんでしょう。

小野　まぁ単なるドMでもの好きみたいなモノかもしれませんが……（笑）。限られた少ないお金も、自分に使うよりは人さまに巡らせたいという思いもありますし……。ただ、一方で、お金とかものとか、地位、立場というものもそうですが、いかに実体がない、不確かなものにとらわれていたかを強く実感したからこそ、本当にお金やものがないとどこまで困るのかを試してみたいという純粋な好奇心もあるのです。ものがないのは時に不便かもしれませんが、あるなかでやりくりする楽しさを手にできる。たとえば野宿するなら蚊取り線香はあったほうがいいよねとか、言い出したら切りがない。ないならないで、衣をかぶって寝りゃいいじゃんとか、なんとでもなるんです。お金もそうで、別にないなかでなんとかすればいい。完全にゼロになって生きていけるかというのはまだ試していませんけれど、過去にはそういった生き方をされた方もいらっしゃるので、きっとないなかでも、生きられているかぎりはなんとかなるでしょう。まぁ、まずは自分でも試してみちゃおうと。

香山　そうですよね。お試し期間がないととてもできそうにありません。

小野　失うと本当に困るのか試してみる、という点で言うと地位とか肩書きとか、いわゆるステータスも捨ててみたことで、自分のとらわれに気がつかせてくれるものでした。得度をし、さまざまなとらわれから離れる決意をしたとき、ソーシャルメディアのアカウントも削除したのですが、当時、私のフェイスブックには五千人のフレンドがいて、その人たちとの縁を切ってしまうことになるのではと、正直言いまして躊躇《ちゅうちょ》したし、悩みました。悩むってことは、とらわれているということでしょうから、それを確認するためにも、まずは試しに捨ててみてしまおうと。でも捨ててみて初めて、自分はフェイスブックのサーバー上のゼロ、イチのデータの書き換えという、実体のないものだけでこんなにも躊躇し、縛られていた人間だったんだということに気がつくことができたのです。

実際、フェイスブックのアカウントがなくなろうが、縁がある人とは縁が生まれ、また出会えるわけです。肩書きのようなステータスというものは、自分のおでこに貼ってあるポストイットのようなもので、いつ汗で剝がれるかもしれないような、不確かなものかもしれない。別にあってもなくても自身の能力が突然変わるものでもないのに、時にそれがあることによって何か自分は違う人間だというふうに勘違いを起こさせる危うさだってある。結局、自分の中身が重要なわけで、肩書きをぺたっと貼りつけたからといって、人格が高まるわけでも能力がアップするわけでもないですよね。にもかかわらず、それにとらわれそうな自分がいるなら、それらを捨てて確かめてみればよい。

いろんなものを捨ててみると、いかに自分が不確かなものを求めてきたのかを、思い知るんです。こうした、外身《そとみ》という言い方を最近するんですが、自分の外側を飾ることによって、お金を持っています、有名人です、何とか代表ですといった肩書きによって、自分によろいを着せて、中身を磨こうとしていなかった自分がいた。でも、死ぬ間際に最終的に残るものは何でしょうか。自分の中身しかない。そこに向き合っていかに磨いていくか。それが人生という作業なのではという実感をすごく強く感じるようになりました。ちょっと長くなりましたけど、これがいろんなものを試しに捨ててみたことで得ることができた考えです。

香山　所有欲から離れてみると、存外人は楽になれるものかもしれませんね。すみません、ちょっとミーハーな質問ですけど、所有はしなくても、誰かのファッションを見て、あぁ、かっこいいなとか、そういうふうに思うことはあるんですか。

小野　あります、ありますよ。ファッションとして素敵だなという方はたくさんいますし、僕もそういう方に「あっ、すごいかっこいいですね」とか言ったりしますけど、自分が所有したい対象となるわけではない。自分には衣と作務衣と最低限寒さを凌《しの》げる防寒具さえあればもう、十分有り難く生きていけるというふうに感じているんです。

香山　得度される前に持たれていた服や、趣味の道具とか、そういったものはどうされたんですか。

小野　もう全部人さまにお譲りするなどしてしまったので、ほかは何もありません。ランニングも熱心にやっていたので、いろいろなグッズを持っていましたが、今は走らなくなったのですべて手放してしまいました。

香山　得度する前と後で連続しているものって何ですか。

小野　そうですね……。ちょっと極端に聞こえるかもしれませんが、ただ、息をして、ご飯を頂戴できればいただいて、ふん尿して、寝ること、本当にそれくらいかもしれません。でも、今はそれだけでも、実はたいへん恵まれているのだと感じ、満たされた心持ちで過ごさせていただいております。

香山　たとえば、ドイツ語やフランス語を勉強したりとか、あるいは学問的に得度後も続けている勉強はありますか。私は怠け者なので、一応チェンジライフはしたんですが、自分自身の勉強としては、あまりちゃんとできていない状況なんですが。

小野　それでいうと、英語に関してはもともと勉強していたなかで、さまざまな宗教に関する本、とくに仏教の知識を中心に英語で勉強するようになりました。もともと本を読むのが好きな人間ではありましたけど、さらに本を読む量は圧倒的に増えました。時間があるということも大きいんですが、読書だけは変わらず続いています。

都会生活を捨てて変わった死生観

小野　こうして香山さんとお話しさせていただいていて、まだ自分のほうから全然質問させていただけてなくて恐縮なんですが、香山さんが僻地医療に率先して関わっていらっしゃることに、すごく興味があります。想像ですけども、いろんな心の悩みに医者として向き合っていらっしゃるのではと想像しております。自分は今、皆さまからのさまざまな悩みへの処方箋として、浅はかな知識ながらではありますが、仏教だけではなく、科学的な視点もふまえて、ご提案をさせていただいてます。たとえば、先ほど申し上げたように、朝散歩をし挨拶するだけでも、セロトニンやオキシトシンの分泌により幸福感が生まれ、心身さまざまにポジティブな影響が期待できるのでは、など。香山さんはお医者さんとして、薬などといった、医学的知見でのアプローチが、どこまで心身の課題の解消に効果的になってきていると感じていらっしゃるのか。よろしければお考えを伺わせていただけたらうれしいです。

香山　ありがとうございます。今、医学的知見とおっしゃったけれど、実は過疎地の人々と出会い、診療を通して、私のなかで大きく変わったことがあるんです。というか、先ほど龍光さんがおっしゃっていたように、都会生活を捨てなかったら、たぶん気づけなかっただろうし、実感も薄かったんだろうなと思う。

ご存じのように過疎地では高齢化が進んで、診療所で看取《みと》る方もたくさんいます。すごく雑な言い方すると、死というものは自然現象なんだなということを、まず強く感じました。もちろん四十代で亡くなるのと九十代で亡くなるのは違うとは思うんですが、私の地区で次々と亡くなっていく高齢者の方のあり方が本当におだやかで自然体で、私にとってはそれがある意味大きなカルチャーショックでもあったんですね。

九十代前半のある男性の方がいらして、診療所に定期的に来られて診療したり、採血検査などもしていたんですが、あるとき、その検査で血液の異常があって、いわゆる血液のがんの病気が疑われたんですね。私の診療所ではそれ以上検査もできないので、そういう方がいたら、七十キロほど離れた都市部の病院でまずは確定診断をつけてもらい、見通しを教えてもらうようにしています。その方にそう言って、ご家族と一緒に車で一時間半ぐらいかかる都市部の病院で再検査をしてみると、やっぱり血液のがんの可能性があるという結果が出た。その病院からも私の診療所に連絡があって、さらに詳しい骨髄穿刺《せんし》検査が必要とのことで、それをご本人にお話しすると、「もうこれ以上検査はしないでいい」と言われたんです。「でも、こういう病気かもしれないんですよ」と説明すると、「いや、先生、もう自然体でいいんだよ」と言う。これから雪のシーズンだし、ここで診てもらえたらそれでいいと、淡々とおっしゃるんです。

その方はごく普通の人で、哲学をやっているとか、死生観の本を読んでいるわけでもない。そういう方が、淡々と自分の死を受け入れようとしている。そのことに私は、驚いたんですね。がんかもしれないと言うと普通びっくりするじゃないですか。動揺して、いつまで生きられるんですかとパニックにもなります。それもなく、その方は「あぁ、そうですか」と受け入れて、「治療はもう何もいらないから」と、平然としているんです。

今、厚生労働省が、アドバンス・ケア・プランニング（ACP）といって、人生会議をしましょうというキャンペーンを進めているんです。そのアドバンス・ケア・プランニングというのは、つまり、どう死にたいかを生きているうちに本人から聞いておきましょうということですね。すごく嫌な言い方すると、高齢者で延命治療はいらないとか、いろんな治療をしなくていいという方の言質を取っておけということでしょう。その方の自己決定権を尊重するというのが大前提にはあるわけですが、その裏には医療費の削減というか無駄を省くためという目的もあると思うんですよ。

私が今お話しした方は、そんな人生会議なんか知ったことじゃないし、ふだん、わしはどう死ぬべきかなんて考えたこともないと思う。そんな方が自分の死に対峙したときに、自然体でいいと言ってのけたことに、私はびっくりしたんですね。同時に、びっくりするということはみくびっていたんだなと思って、反省もしたんです。こんな過疎地で暮らしている人が、そんなこと考えるわけがあるまいという傲慢さが私のなかにあって、それに気づいて恥ずかしくなりましたね。

もちろんそうじゃない人もいます。できるかぎりの治療を望んで、遠くの病院に通われる方もいますが、多くの方は、この診療所でできることでお願いしますとおっしゃる。

この診療所では、化学療法もできませんし、薬をどんどん投与することもできない。ほとんど何もできないんです。でもね、何もしないのが一番おだやかに枯れていくんですよね。食べられなくなったらもうそれ以上無理しないで、「ちょっとお水飲みます?」とか「プリン食べます?」と聞いて、ご本人が「うん」と言えば、それをちょっと口に入れてあげるぐらい。そのうち食べることもなくなって、おだやかに眠る時間がだんだん長くなって命が終わっていく。そういう姿を見てきて、自然体というのは何かありきたりの言葉なんですけど、木が枯れていくのと同じように、そして動物たちが死んでいくように、ここの方たちが自然というものを内面化していることに、驚きもしたし、ある種の感動を覚えましたね。その意味ではこの地の人たちには、龍光さんが信条となさっている、あるがままに生きるという姿勢に通じるものがあると思いました。

あるがままを受け入れる

小野　そうですね。科学的なアプローチでできることには限界があり、人間も自然の一部として、自然の流れに無理に抗わず、いずれただ朽ちていくというのが、あるがままの姿なのでしょうね。厳しい自然と向き合うなかで生活をしていると、そういう感覚が自然に備わるのかもしれません。そもそも生きているというのは、いつ来るかわからない死というものに向かっているということでもあり、それがあるがままの姿。その現実を自明なことだとして識《し》る。ごんべんの「識る」ですね。あきらめるのではなく、明らかなことだと識る。それがまず大事なのではと思っているんです。なぜなら、それが見えないうちは、惑い、苦しんでしまいがちだから。なんで突然病気になってしまったのだろうとか、死にたくないとか、肉体的な若さをずっと手放したくないとか。すると、さらに苦しいわけです。その苦しさから抜けるには、人が時に病になったり、老いていずれ朽ちていくのは、もうそういうものであると受け止める、勇気をもって受け入れるということがまず大事なのではと考えております。

香山　私が診ている方たちは、たぶん、生き物として本能的にそれを知っていて、受け入れているんだと思います。もちろんこれは「文明から離れている」という意味ではありません。だから死を前にしても動じないし、安らかな顔をしているんですね。都会で医療に従事していたら、こうした死生観と出会うことはなかったかもしれない。

小野　とても貴重なお話ですね。自分の場合は限られた体験でしかないのですが、末期がんで余命宣告を受けた方でも、あるがままに命の終わりを受け入れていらっしゃる方々は、実におだやかで、素敵な笑顔を輝かせつつ、日々に向き合っているのだと感じたことがあります。そういった人は、怒りや、欲に惑わされず、むしろ周りの人を思いやり、喜んでもらえること、役に立つことさえ努力されていらっしゃったりする。

香山　徳を積み重ねるということですか。

小野　そうとも表現できると思います。ただ、それはたとえば徳を積んで善き来世を目指すといったような、自分自身のための損得的な行為ではなく、純粋に誰かを喜ばせたいという想《おも》いから生まれた行為、といった印象です。自らの生命がいつか終わるのだという現実を、病気などによってリアルに実感し、あるがままのものとして受け入れたからこそ、今生きていることへの感謝や、自身を支えてくれている周りの人への感謝があふれ、周りの人を喜ばせる行為につながっているのではと感じています。

そして、そういった心持ちというか精神は、必ずしも死の間際にならないと手に入らないわけではなく、日常のさまざまな困難をあるがまま受け入れる体験を通して、磨いて育てていけるのではと考えています。それは、心の筋トレ体験という言い方もできるかもしれません。苦しく、つらい体験と向き合うのはうれしくないけれど、そういったことも起こってしまうのが、生きるという行為の、あるがままの姿でもある。ならば、それを受け入れて、心を深く豊かに鍛える機会ともしていける。そうすれば、苦しいときも自身を受け止められる心が育ち、平常心を保ち、さらには、他人の苦しみを一部受け取ってあげたり、他人にやさしさをシェアして喜ばせられるような心へ育っていく。老いていくほどに、頭の回転も弱まり、体も弱まっていくのは避けられないですが、こういった心や精神の成長、人の徳の積み重ねと言ってもいいですが、これらは、死ぬまでずっと目指していけるものではないかなと考えております。

目の前の生を生きる森田療法の考え方

香山　先ほどあるがままという話を龍光さんの観点からお聞きしていて、森田療法を創始した日本の精神科医の森田正馬《まさたけ》さんを思い浮かべました。精神医学のなかで、唯一「あるがまま」

という言葉を言った人です。森田正馬先生は、百五十年ぐらい前に生まれた方ですけど、その森田療法という日本独自の心理療法の考え方は、いまだに世界でもいろいろ実践している人たちがいるほど、根強い人気があるんです。これが、心理療法のなかでは非常に変わっているんですね。

どう変わっているかというと、十九世紀から二十世紀にかけてという、人間の深層心理を掘り当てるという精神分析学が世界的にはやっていた時代に、森田先生は、精神科医であるにもかかわらず、人間の不安や恐怖の深層心理を根掘り葉掘り考えるなと言った。そして不安の症状や恐怖もあるがままに、それも自分の一部だと受け入れなさいと言ったんですね。

森田療法は、海外では禅の精神だとも言われています。森田先生が、そういう仏教的素養の上に言っていたかどうかはわかりませんが、その療法のなかには、「あるがまま」と並列して、「一瞬一生」という言葉もある。目の前の今の生を生きなさいと。

それはどういうことかというと、ある意味目的本位というか、あれこれ考えず、まず目の前のやりたいことをしなさいということなんです。恐怖症や不安神経症の人って、これが治ったら映画に行こうとか、これを克服したら旅行に行きたいと、常にやりたいことを先送りしているんですが、森田先生は逆で、行きたいとか、読みたいとか、食べたいとか、そっちをまずはやりましょう、実践しましょうと言う。不安や恐怖を持ったままのあるがままの自分でやってみましょうと。それを「不安常住」と呼んでいました。要は、不安があって、うまくできるかどうかという心配があっても、行きたいから行こうという気持ちを優先させてみよう。やって駄目でも、それもまたあるがまま受け入れて、あぁ、今日は駄目だった、でも次はもうちょっとうまくできるかもしれないと、行動した結果を大事にしていく方法なんですね。

森田療法というのは、正式には厳密にやり方が決まっていて、入院が必要なほどのスケジュール管理があるんですが、基本的な考え方としては、今言ったような行動療法です。あまり深くとらわれて難しく考えるよりは、まず今、私はこれをやろうとか、こっちを優先させてみる。それが駄目でも失敗した自分をありのままに受け入れて、次にまたやってみる。こうした森田式の考え方は、今日お話に出ているような、自分の価値は何だとか、自分は誰の役にも立ってないとか、いろいろ難しく考えすぎて混乱しやすい現代の人にはとても有益だと思うし、今、龍光さんがおっしゃった、体験を積み重ねて、あるがままを生きるということにも、リンクしているように思いました。

小野　香山先生ご紹介の森田療法で実践されている、未来の可能性ばかりに今の時間を費やすのではなく、今の時間は、今に向き合う。これはまさにブッダの教えでもあるんです。不安や恐怖って、ある意味未来のリスクを想像して心配になったり恐怖を感じたりすることですが、ある程度のリスクは想像できても、読めないリスクのほうが圧倒的に多いわけじゃないですか。たとえば極端な話、あした小惑星が地球に衝突したらどうするのとか、富士山が噴火したらどうするのとか、可能性をあげたら切りがないですよね。どれだけ考えてみても、未《ま》だ来てないから、誰にもわからない。だったら、今に向き合うべきでは、と。やってみないとわからないのだから、今、心が動いていることがあるのなら、チャレンジしてみるべきじゃないかという考え方は、自分自身でもブッダの教えに触れる前から実践していたものでした。

香山　私も、性格的になるようになるさ的なところがあるので、思いついたことはわりと衝動的にやってみてしまうタイプで、これをやったらどんな意味があるのかとか、あまり深く考えないたちでしたね。そういう性格は、学校教育のなかでは欠点と言われて、もっと思慮深くやりなさいとか、もっと計画的にやりなさいと、学校の先生にはずいぶん言われて、あぁ、私は駄目な子なんだなって思っていたんです。けれど大人になって精神科医になって、私の意味って何とか、私はなぜ思いどおりにいかないのとか、そこでつまずいている人を見て、私とは違うなと思いました。あるがままとはちょっと違うかもしれないけれど、私の衝動的なところとか、いいかげんなところ、ケセラセラ的なところは、もしかすると、ある意味長所かもしれない。学校教育で言われるほどは欠点じゃないのかもと、思うようになりました、都合よく（笑）。

小野　今の話にちょっと絡めさせていただくと、僕も頭で判断するよりも直感を信じて行動することを推奨もしていましたし、実践もしておりました。最近は腸内環境が脳に与える影響にすごく注目していて、腹に聴くという言い方もしますが、まず自分の直感を信じる。なぜかというと、心が動いている、腹の虫がそっちだと、行きたい方向を指しているときに、ストップをかけるのってだいたい頭なのではと。やめろとか危ないとか言うのは、自分のこれまでの知見とか常識とされるものではと。でも、心が動いているのであれば、そこには何か縁が生まれている。やってみないと何事もわからないわけじゃないですか。心はさまざまな体験を通してこそ育ち、それは死ぬまで続けていけるのではというお話をしましたが、やってみないとわからないんだったら、まずはできることからでもやってみればいいじゃないか、死ぬわけじゃないしと。よしんば死んでしまったところで、もう本人にはわからないのだし、残念ながらいずれ死ぬのは避けられないのだしと。ちょっと極端な言い方ではありますが、明確に他人に迷惑をかけるものでないのなら、心が動きたくって頭が止めているような方には、こんなふうにお伝えして、少しの勇気を絞り出すことを応援させていただいています。

マウントを取るのは意味がないこと

香山　人はいずれ死ぬ……以前から人間の生き死にに関して、龍光さんは、深く考えることがよくあったんですか。若いころから三回インドに行っているとおっしゃっていたけれど。

小野　最初のインド訪問は学生のときで、もう二十五年も前にバックパッカーで。人間の生き死にへの思索なんて高尚な背景から訪れたわけではなく、単純にインドってバックパッカーのひとつの聖地ですので一度訪れてみたかったくらいの気持ちでした。

ですが、実際に訪れてみてショックを受けたのは、有名な聖地のひとつ、ガンジス川沿いのバラナシというところでして、そこでは、なんていうんでしょう、人間の生き死にがもうあからさまに、露骨に存在している場所という表現でしょうか。おっぱい丸出しの女性が生まれたての子供をあやしている横で、老人がほぼ裸体で死にかけていたり、その横では死んだ人が焼かれていたり、遺灰がガンジス川に流されていたりする。そういった生きる、死ぬのすべてが露骨に現れている場所って、私たちが生きている現代の世界ではなかなかないと思うのです。

香山　一度行って、強く惹《ひ》きつけられました？

小野　二十五年前に初めて行ったときは、たしかに衝撃を受けました。人の生き死には、霊的なものだとか、特別な何かがあるようなものではなく、ただ生まれ、そしてただ死ぬという現象なのだろうと、頭ではとらえていたつもりでしたが、それが、実際に目の前でリアルな姿として、五官を通して入り込んでくるわけです。でも、冷静に考えてみると、それはふだん触れ合う機会が少ないだけであって、人の人生においては、まさにあるがままの、当たり前の姿なのでは。それをいやが応でも体感させるような地として、強く惹きつけられたのは事実です。

香山　二回目にインドに行ったときはどうでした？

小野　二回目は、一回目から二十年近くたってからだったのですが、バラナシの変わらぬ姿がある一方で、大きく経済発展を感じました。

香山　インドのここ最近の急速な経済成長は目を見張るものがありますね。急速な、それこそITビジネスが盛んとか、教育水準もすごく上がっているイメージがあるけど、それもインドのひとつの姿なんですか。

小野　はい、そうですね。このたった一年間でも、僕がよく行くナーグプルという町の様子も大きな建物が増えるなど、変わってきています。インドは、未来と過去、現在が一緒くたになっている地という言い方をよくしますが、もしかしたら二千年前、三千年前と変わらない生活をしている人もいるかもしれませんし、日本よりも進んだ近代化を目にしている人もいるでしょうし、そういうものがごっちゃになって、混沌《こんとん》とした面を持ちながらも全体として近代化に進んでいる国という印象を感じてます。

香山　そうした開発や発展は、いわゆる西洋的な近代化だと思うんですが、そちらの方向を目指すことは、龍光さんとしてはちょっと残念という感じはあるんですか。

小野　残念とは感じていません。あくまで自分レベルでの理解でしかないのですが、誰しも、持ててないものがあって、持てて謳歌《おうか》しているような人が隣にいたら、自分も手にしたくなるというのは自然に起こる純粋な欲求なのではないでしょうか。それは悪いことでもなく、日本で暮らしてきた自分自身が、かつて体験してきたことでもあると思います。同じことがインドで起こるのも、自然なことと言えるのではと考えています。

香山　以前、ブータンが世界一幸せな国と言われていましたね。ブータンは電気も来ていないところがあって、車もあまり普及していないのに、みんなすごく幸せに暮らしているという。その一方で、それは貧しいからそうなっているだけで、その人たちだって、電気も欲しいし、ビルも欲しいんだよという人もいる。そういう話を聞くと因果だなと思うんですね。せっかく自然があるのにそれを潰したり、昔ながらの生活スタイルを全部崩して、同じ画一的な建物にしてしまうのは決していいことじゃないのにと思うけど、それを言うのは無理なんですかね。

小野　今のお話って、たとえば五十代の人が、二十代の人に「おまえも五十代になればわかるよ」と言うのと同じようなものなのかもしれません。五十歳にならないとわからないことを二十歳に言っても、まだ体験できていない以上、ある種、立場が覆らないマウントをしているような状態でもあるかもしれません。近代的な経験をしてきている人がまだ近代化していない国の人たちに対して「自分は経験してきたのでわかるのだけど、君たちはこうしたほうがいい」と言うことも同じように、ある種、上から目線な、マウントになってしまうのではないでしょうか。だって、こっちはまだ相手のようにはなっていない、相手が経験したことをまだ経験していないんですから、わかりっこないじゃないですかという話だと思うんですよね。

香山　なるほど。とはいえ、そういうことを続けていると地球環境もめちゃくちゃになることが大分わかって、それをふまえて、競争し合って発展することそのものが地球を破壊するから、とりあえず我慢しようよ、そこを抑えようよという流れはありますよね。

小野　全体としてはおっしゃるとおりなんですけれども、さんざん飽食してぶくぶく太った人が、これから自分たちもおいしいものを食べたいと言っている人たちがごまんといるなかで、「おまえら、これ以上食うな、地球が壊れるから。そのまま腹空かしとけ」と言うのと同じようなもので、そんな殺生なという話ですよね。ようやくこれから自分たちもおいしいものが食べられると目をキラキラ輝かせて一生懸命努力をしているたくさんの人たちに対して「いや、俺は経験してきたからわかるんだけどな、こんなことしてたら、おまえらも含めて全員滅びるんだぞ。だから、我慢しとけ」と言うのは、非常にずるい話でしかないと思うんですよ。

香山　それはたしかに上から目線の物言いかもしれないですね。もう三十年ほど前になると思うのですが、父親と中国旅行をしました。蘇州《そしゅう》など風光明媚《めいび》なところも建設ラッシュで、父親は「あぁ、もったいない。このままがいいのに。でもこの人たちに、近代建築なんて建てるな、と言うのは便利さを享受してるこちらの傲慢だよな」としみじみつぶやいていました。

小野　はい。ですので、全体としては正しい主張かもしれないけれど、個の目線としては、そんな殺生なという部分もある。ようやく稼げるようになったのだから、我々家族だっておいしいものにありつきたいんですよと願うたくさんの人たちもいて、一方で、すでにおいしいものにありつけているけれど「まだもっと体験したい」という人もいる。けれど、全体の希望を満たすだけの資源が保てなくなっていくかもしれない。もうこれは、ホモ・サピエンスという種が、内包する埋めがたい格差を抱えつつ、全体として調和を保てる存在へと成長していけるのか。そして、どう限られた自然の資源を「ヒトだけのわがまま」で貪ることなく、自然と折り合いをつけて生き延びていけるのか。種の集団としての次なる進化に向けたひとつの試練に挑戦していくタイミングなのではと、勝手ながら感じています。

香山　とすると、これから起こりえる内からの絶滅危機、人間がそれを招いてしまうという未来への考え方としては、滅びもひとつの運命というか、止めようがないことだと考えているんですか。

小野　未来は「未だ来ていない」と書くとおり、誰にもわからぬものと思いますが、大事なことは、ホモ・サピエンスがどんなに脳みそをひねったって、自然界はなるようにしかならないのが現実の姿だと認識することではと思っています。実際我々は、自然がなければ日々のご飯もいただけないどころか、酸素すら吸えない。ヒトの営みも、食物連鎖など自然の代謝の一部である以上、自然を超える存在にはなれない。それはひとつの真理というか、あるがままの姿なのじゃないかと。なので、この先人間が滅ぶのかどうかは、我々だけでどうこうできる問題ではなく、最終的には自然に委ねられていくものなのでは、と考えています。まず、その認識を持つことが、結果的に我々人間が、自ら滅びを招かずにすむための大切な土台になるのではと思うのです。

我々は進化によって、想像力という、まだ起きてないことを考える力を手にしたことで、「自分たちこそが地球全体をなんとかできるのでは」という概念を持つようになった。新たな可能性をつくり出すのは人間のすばらしい能力であるけれど、自然すらも超越して未来を選べるという発想は、人間の「驕り」かもしれない。その驕りが、自分たちの足元を支えている自然を、さも「あとからなんとでもできるから、好き放題使おう」と錯覚させてしまい、自身の未来を危うくしているかもしれない。もちろん人間は、自分たちはあらゆる可能性を実現できると期待したいわけですが、そんな思いなど関係なく起きてしまう大きな自然の変化の前では我々が無力なのは、過去の震災や津波でも体験してきていると思うのです。

なので、最終的には人がどういう選択をするか以上に、自然がどうなっていくのかが、未来を決めていくのではないでしょうか。雲が風に沿って流れるように、水が高きから低きに流れるようにというのが、自然界、宇宙界のあるがままということじゃないかと思っているんです。

香山　おっしゃる意味はわかります。ただ、龍光さんは、あるがままと言って流されるんじゃなくて、生き方をそこまでドラスティックに変えて、個として人さまのために自分が何をすべきかを考えて、日々実践しているわけですよね。

小野　はい。もちろん、我々はせっかく知恵を与えられたわけですから、自分もできることを努力していきたいですし、人類全体も、できうる努力へと協力して向かう未来を望んでいます。とはいえ、先ほどお話ししたように、まだ「これから自分もおいしい思いを体験したい」側と

「もう自分は体験したし、みんなのために君たちは我慢して」という側と、それぞれ違う立場や考えが混在し、全人類がひとつの方向に向かうのは難しいのが現実の世界だと思います。

ですが、「できないかもしれないからやらない」のと「まずは一歩ずつでも進んでいく」のは大きな違いで、まずはそれぞれが、規模などにこだわらず、できることからでも行動に移していくのが大切ではと考えています。たとえば、使わずゴミになるだけかもしれないのなら、次々とものを買って増やさないなど。これは、「心の平穏を得たいなら、ものへの貪りやとらわれから離れればよい」といった仏教の思想でもあるのですが、別に仏教が関わらずとも、今までのようなひたすら生産と消費を生んでいく状況に違和感を覚える人たちを中心に、ものやお金といった自身の外の充実よりも、内なる自分の充実に向けて時間を注いでいくという生き方として、広がりつつある動きではないでしょうか。ひょっとしたらこの流れは、地球環境全体に対してネガティブな人間の活動に対しても小さいながらもブレーキにはなるかもしれません。こういった流れは、誰かから押しつけられたから生まれるものでもなく、よいと感じた人が選択していくほうが、続きやすいのではと。その流れにつながるかもしれない、とても小さな行動として、まずは自分ができることから、人生を賭した実験としてトライしていく、ということでしょうか。そんな程度のことです。

香山　すごい話の後に「その程度のこと」とおっしゃるので、脱力しますが（笑）。なるほど。いわゆる実験サンプルみたいな感じですね。みんなが目指すべきロールモデル、お手本になってやる、と言うのではなくて。

小野　はい、おっしゃるとおり。

香山　こういう生き方もあるんだなという。押しつけがましく説教しても、自分との対話はできませんものね。自ら気づくしかない。

小野　おっしゃるとおりです。いろいろと講演の機会をいただくこともあるのですが、そのときに一番意識しているのは、仏教用語を使わないということなんです。諸行無常という広く知られた単語すらほぼ使わない。なぜなら、「宗教が説いている」という伝わり方になると、「信じなさい」という押しつけがましさが生まれるかもしれない。自分がしたいのは、「仏教経典にあるから正しい」ということをお伝えすることではなく、そこで説かれている智慧によって、かつての自分が苦しみから救われたり、おだやかな心を与えてもらったりした体験を、あくまで、ひとつのサンプルとしてシェアしたいだけなのです。自分のほかの、生きにくさや何か違和感を覚えている方に対し、「こんな考えもよいかもしれませんよ」と、処方箋のひとつとして提案差し上げるように。人それぞれ考え方も、頼りにするものも違うでしょう。生き方や考え方は、別にひとつでなければいけないわけではない。人によっては、宗教ではなく、ソクラテスの思想のほうが救いになる人もいるでしょう。あとは、さまざまなサンプルから、自身に合うものを選んでいけばよいのでは。そう考えております。

香山　仏教というフレームを外して、人間誰しもが持っているユニバーサルなところに広げていくような、そういう感覚での言葉遣いなんですね。

小野　はい、もともとブッダの教えも「信じるべきもの」ではなく「人類に共通する事実」としてシェアされたと思っているんです。

第三章　現代人をつらくしている執着や欲について

自己肯定感が薄い現代人に届く言葉はあるのか

香山　今まで龍光さんとお話してきて、すべてを捨てて得度に踏み切った理由や、考え方、そしてその後どのようにご自身を律してきたのか、私なりにその輪郭がつかめた気がします。私は精神科医として、龍光さんは悩める方のお話を聞くという立場で、今までいろいろな方の悩みや苦しみに接してきたと思うんですが、ここからはもう少し具体的に、現代人につらさを感じさせている要因についてお話していきたいのですが、いかがでしょうか。

小野　はい、承知いたしました。去年から開設したインターネットの「龍光ポスト」というページには、本当にさまざまなご相談を頂戴します。それぞれ年齢も環境もまったく状況は違うんですけれども、自己肯定感のなさ、自信のなさというのが多くのご相談の根底に共通してあるように感じております。

香山　たしかに現代病のひとつとして、自己肯定感の低さはあると思いますね。私も、精神科医として、若い患者さんといろいろな話をするのですが、誰も私を救ってくれない、自分を変えたいけど変えてくれるような人とは出会えてないというように、「出会いがない」というのが自分の苦しみの原因なのだと考える人が、けっこういらっしゃるんですよね。私も、そういう方に向かって、「出会いは自分から見つけるものですよ」といった、そういう通りのいい言葉はかけにくい。実際、だいたいその方たちは現実的な困難のなかにあるわけで、そこで「出会いを探せ」と言われてもすぐに動けないですよね。限られた環境ではチャンスもありません。同じような環境では会える人も限られています。そうするとどんどん閉じたほうに行ってしまう。

小野　それはとてもせつないですね。自分ができるのは、たまたま縁あって自分にご相談をいただいた方にメッセージをお戻しするくらいですが、そういう方には僕は、まず「大丈夫ですよ」と伝えさせていただいております。息をして電気もありメールを書けているだけでも、すばらしいことかもしれないじゃないですか、と。その言葉がどのように役に立つかはわかりませんが、ただ祈るような気持ちでいます。

誰にも出会えず罪を犯す人も

香山　これは私にとってあまりに印象的だったので、すでにいろいろな本などに書いてきたのですけど、二〇一二年から一三年にかけて、「『黒子のバスケ』事件」というのがありましたね。逮捕されたのは当時、三十代だった青年なのですが、『黒子のバスケ』という人気漫画の作者の漫画家を恨みに思って、その漫画家や漫画の関連のイベントに脅迫状を送って、火をつける、毒をまくと脅したという事件です。逮捕された青年は初公判の冒頭意見陳述で、自分がたどってきたこれまでの人生を文章に書いて読み上げた。それが凄《すさ》まじい内容でした。

子供のときは親に虐待され、学校の先生からもばかにされ、やっと友達ができても、その子は白血病で小学生のうちに亡くなってしまう。それ以降も、出会いがあったかと思うと、その人がいなくなってしまうという不運が続くんです。誰にも親身になってもらえず、喪失感のなかで、彼は自殺を決意する。でも一人ぼっちで寂しく死にたくない。最後の最後に自分と一番違う境遇の人に一矢を報いて死にたいと思った。そこで、自分と一番違う人は誰だろうと考えたときに、その漫画家のことが思い浮かんだそうです。その人はとても和やかな家庭で育ち、勉強もできて名のある大学に行き、卒業後は、漫画の才能もあって売れっ子の漫画家になった。自分はこんな悲惨な人生を送ってきたのに、この世にはこんな恵まれた人もいるのかと怒りがこみ上げて、この幸せそうな漫画家に対して、自分だって生きていたんだということを猛烈に知らせたくなったというんですね。

その陳述のなかで、私がはっと思ったことがあるんです。逮捕されて、取調べを受けているときのことを思い出して、「こんなに人に親身に話を聞いてもらったことはない」と言っているんですよ。取調べですから、身の上のことに始まって詳細に聞かれるのは当たり前ですよね。向こうは仕事でそうしているだけかもしれないのに、この青年は感激している。刑事のなかには、「君は地頭はいいのに惜しかったね」と言ってくれた人もいたそうで、それにも彼は感動している。そうやってほめられたことなどないからです。また、同じ拘置所の雑居房で何人かと一緒になったときに、先に入っていたちょっと不良っぽい若者たちもすごくやさしくて、自分みたいな新入りに、洗面はここで、布団はここに置くんだよと、いろいろ教えてくれた。こんなかわいい弟たちが自分にいたら絶対こうはならなかっただろうと、いちいち逮捕後の出会いに感動して、それを切々と書いている。それを読んで私は、あぁ、なんてことだろうと思いました。この人に誰か一人でも、君はいいところあるよねとか、君ならこれができるよ、こうしてみたらと言ってくれる大人がいたら、全然違った人生だっただろうなと思って。

そういうときに私は、宗教ってすごくうまくできた装置だなと思うことがあるんです。とくにキリスト教はそうだなと思う。たとえば子供が歌う賛美歌に、「生まれて今日まで神さまに愛されてきた友達の誕生日です、おめでとう」という歌詞の誕生日の歌があるんです。たとえこの世では誰もあなたを愛してくれていなくても、神さまはあなたを愛しています、というのがキリスト教の教えの根幹なんですよね。友達からもらった聖書のカバーがあって、それをぱっと開けたら、「You are loved」と書いてあった。何かドキッとしますよね。あなたは気づいていないかもしれないけれど、神さまはずっとあなたを愛していたんですよ、と言われるわけですから。先ほど龍光さんが言ったように、誰からも肯定されたことがないとか本当に愛されたことがない人に対してはすごく届く言葉なんじゃないかな。それは仏教ではどうなんでしょう。誰もあなたに気づかなくても御仏《みほとけ》は気づいている、といった教えはあるんですか。

すべての生き物はつながっている仏教の平等思想

小野　仏教をまだよくわかっていない人間の理解という前提でお聞きいただければと思いますが、仏教においては、生きとし生けるものはすべてつながっていて、平等であるという思想があると思うのです。ですので、愛される、愛されていないというよりも、ほかの存在から必要とされていて、それらとつながっているという考え方に近い。僕の存在は自分が吸う空気や、食べる草木や動物といった自然からのもので成り立っているし、自分の吐き出す空気やふん尿は、ほかの生き物を成り立たせるものへとつながっていく。自分を含めた生ある一つひとつが、ほかの生き物に役に立っている存在であり極めて尊い存在であるというものです。ですので、そもそも生きているだけで有ることが難い、つまり有り難い状態でもあるし、さらには、誰もが他人へのやさしさを育て、誰かをより支えられる存在にもなれる。そんなふうに自分なりではありますが、解釈しております。

僕が相談者の方に「大丈夫ですよ」と言う言葉の裏には、「呼吸しているだけであなたは自然界のなかで極めて重要な役割をもうすでに果たしているんです、すばらしいことじゃないですか。よしんば死んだとしても、次に咲く花の養分になれるんです、すごい価値を持っているんです、エネルギーを持っているんです、なので大丈夫ですよ」という想いを込めさせていただいております。生きているだけで、自然界の極めて尊い役割になっていると。一神教的な神からのメッセージには、〝あなたは神から愛されている。だから大丈夫〟という想いが込められているとするならば、仏教のほうは、〝生きているだけで尊いのだから、大丈夫。いてもいいんだよ〟〝生きていていいんだよ〟という想いがある。そのように私は理解しています。

何もできない苦しさを感じることも

香山　この世界にいてもいいんだよ、いるだけで尊いんだよ、という仏教的なメッセージというのは、ある意味、自己肯定感に乏しい現代人には非常に響く考え方ですね。先ほどの「『黒子のバスケ』事件」の彼もそうですが、自分なんか生きている価値がないと考えている人がこの世にどれほどいるか。

龍光さんも私も、同じように悩んでいる人たちと接点を持つ機会があるということで、お聞きしてみたいんですが、こうした活動をされてみて、想像していた以上にたいへんだったと気づかれたことって何かありますか。

小野　私のところにご相談をお届けいただく方々の悩みの背景には、経済面、肉体面、年代など、実にさまざまな要素があります。なかには、自分ごときでは何も力が及ばないような困難な状況に苦しんでいる方を目の前にしたときに、たいへんさとはちょっと違う、何もできない苦しさ、せつなさを感じることもあります。もういかんともしがたいわけです。

旦那さまが植物状態で、それを看ている八十代のおばあさまは末期がんで、自分の体もつらいのに、おじいさんの毎日胃ろうを抜く苦しそうな顔を見るのがさらに苦しく感じさせるとおっしゃる。それでも延命措置を止められず、お金も尽きていく……。いったいどうすれば……。こういったせつないご相談をいただいたときなどは、もうしばし言葉を失ってしまうわけです。自分なんかにできることは何もない。でも、何か少しでも心が安らぐ言葉を見つけてお戻しして差し上げたい。そういったときは、時に何日か考え悩み抜いて、必死にお返事の言葉を自身から紡ぎ出す、というような感覚になります。一方で、今すぐ死にたいというご相談の方には、なるべく早く何かお言葉をお戻ししたい。それぞれ状況も苦しみの背景も違いますし、詳しい状況が読みにくいなかでメールだけでコミュニケーションをすることが多いため、難しく悩ましいときがありながらも、都度、できうる範囲で全力で向き合い、尽くしていくといった次第です。

香山　そうですよね。私は一応、精神科医になったわけなので、そういう困難にある人とどう話すかといったトレーニングも受けますが、龍光さんは、そういう経緯もなく、いきなりなわけでしょう。

小野　そうですね。どんな内容であっても、いただいたメッセージには、何もわかってなどいない自分なりの考えでしかありませんよという前提をお伝えしつつも、すべてお戻しさせていただいております。お医者さまでしたら、香山さんがおっしゃるように、そういう方に対する対処の仕方や訓練があるのかもしれませんが、残念ながらそういった経験がない自分にいただくご相談にはもう実地で今できることを考えてお戻しするしかない。ひょっとしたらこのメッセージの後にはその方は自死してしまうかもしれない。せっかくメッセージをいただいたのは何かのご縁なので、「力になれるかわからないながらも、お戻しさせてください」という一文を添えてお戻しさせていただいています。自分なりの限られた学びや体験からでしかありませんが、半ば祈るような気持ちで、少しでも心おだやかになっていただきたいと自分なりにお戻しさせていただくときもあります。

評価されたいという欲について

香山　龍光さんからのメッセージメールが届くことで、その方は自分の存在を認めてもらえた気持ちになっていると思いますね。ほめてもらう、誰かに認めてもらうのは、人が生きていくうえで、大事な原動力ともなるわけですが、その一方で、誰かに評価されたいという欲求は、果てしない自己承認欲求を生むと思うんですね。わかりやすい例で言えば、ＳＮＳでやたら「いいね」を欲しがるとか。人は評価を求める生き物ですけど、龍光さんは、人からの評価、世俗的な評価を捨てるような生き方を選ばれた。そこから見て、評価されなければ意味がないという今の風潮をどう見ますか。

小野　基本的には人からの評価というのは、あくまでも人さまの評価でしかないというのが自分の考えの土台です。さまざまな人がいればさまざまな評価はあるでしょうが、いわばそれはポストイットを、ぺろっと貼りつけられたようなもので、すぐ剝がれるような頼りないものかもしれない。評価されているのか、つまり貼られているのかと自分で意識するから気になるだけであって、自分が気にしなければ、剝がれ落ちたことすら気づかない程度のものかもしれない。だからといって、他人が嫌がることを気にせず行動をしてもよいとか、他人からの評価を一切無視したほうがいいということではなく、大事なことは自分というものを他人からだけではなく、自身でどうとらえるかなのではと思っています。僕の好きなブッダの言葉に、「自分のことすらよく理解できてないのに、なぜ他人のことなどわかろうとするのか」というものがあります。自分のパートナーや子供のことを、自分が一番わかっているとコントロールしたがる人もいますが、自分の心さえよくわかっていないのに、たとえ家族であっても、人さまのことなんかわからないものではないでしょうか。

その前提に立つならば、他人の人生は生きられないので、自分は自分の人生しか生きられない。ですから、自分が他人の評価をすること自体、非常におこがましいことでもあるし、逆に他人から受ける評価もある一面しか見えてないものなので、参考になるところは参考にすればよく、かといってとらわれることなく生きればいいというのが自分の考えになります。ですが、自分なりの価値観や信念が確かでないと、時に周囲からの評価に振り回され苦しみやすいかもしれません。

香山　そのとおりだと思いますが、今の世の中、自分の価値基準を持つことがなかなか難しいですよね。それについては、私もこれまで長いこと考えることがありました。昔、ある女性の経済評論家と、対談で何度も議論を交わしたことがあるんです。同世代の努力家でしたが、「効率」や「結果」にこだわっていること、誰でも「やればできる」とおっしゃっていることに、どうしても納得がいきませんでした。

もっとも意見が分かれたところは、資本主義の評価システムについて。その方は、資本主義というものは、人の評価として非常に簡単でわかりやすく、よくできたシステムだと言うんですね。しかも平等でもあると。その人の生まれに関係なく、いくら稼いだかでその人の評価が決まる。こんな平等な世界はないんですよとおっしゃる。私は、いや、それは違うでしょう、稼げない人、稼ぎたくない人もいくらだっているでしょうと反論しました。するとその方は、ほかに評価の軸がある人はそれでもいいけれど、それがない人にとっては、資本主義とはとてもわかりやすくて、平等で開かれた評価システムなのです、と言い切っていました。

龍光さんもそういう資本主義的な評価システムの世界に身を置いていた方ですけれど、この経済評論家の意見に代表されるように、評価って、数字でとらえられることや、可視化できるようなものが基準になっている。だからこそ、すごくわかりやすいし、みんなそれを求めてしまうと思うんですね。よく言われるのは、ＳＮＳの「いいね」の数とか、あるいはフォロワーの数もそう。それってすごくわかりやすい評価なんですね。大学で学生に自己紹介させると、「私はインスタグラムのフォロワーが千五百人いる学生です」みたいに言う人もいて、えー、そんなことが自己紹介になるのかとびっくりしていると、みんな、「へー」とか「わっ、私の二倍だ」と、すごく盛り上がったりしている。そういう数字での評価はやっぱり人を惹きつけるものがあるんだろうなと、あらためて思ってしまいました。

しかし、人間って別の意味でやっぱり欲張りで、数字だけの評価では、虚しくもなったりするんですね。私の診察室にも、経済的に成功してすごくリッチになった方が、「何かすごくすべてが虚しくなって、私はこれからどうしたらいいんでしょう」と、半ばうつ状態で受診に来られたこともあります。人間って、何かひとつを極めてそこで成功しても、それじゃ飽き足らない生き物なんですね。歌手や俳優、スポーツ選手でも、自分は売れたいと思ってこれまで頑張ってきたけど、売れて有名になったら、それを煩わしいと感じたり、虚しい気持ちになったと、相談に来られて訴える方もいます。

以前、X JAPANのToshIさんが、自己啓発セミナーにのめり込んで、十五億ぐらいお金をつぎ込んでしまったという話が、彼の『洗脳』という著書に赤裸々に書かれていて話題になったことがありました。あれもまさにそうで、自分は、売れたらきっといいことがあると思って、仲間と励まし合ってＸ ＪＡＰＡＮをやって成功したけれど、いざ成功してみると、家族や友達の態度がすっかり変わってしまい、自分のお金を求めるようになってしまった。ＴｏｓｈＩさんというのは、すごく純粋な人で、自分が成功したら周りも皆幸せになるだろうと思ってやってきたのに、そうじゃなかったと、すごく虚しい気持ちになるわけです。そこにセミナーの先生みたいな人が近づいてきて、「おまえは音楽で人を駄目にした」と罵倒されたことで、そのとおりだと相手の術中にはまってしまって、大金を出してしまったという話です。だから、人間ってやっぱり数字だけでは救われない。ハッピーにはなれないんですね。

そこで、じゃあ、何で評価されるのが一番いいんだろうと考えてみる。よく診察に来る女性で、自分は子供がいることで、揺るぎない自信や評価が得られた気持ちになると言っていた方もいましたが、逆に子供がいても私は評価されてない、こんなんじゃなかったという人もたくさんいます。そういう人たちを見ていると、やはり、龍光さんのように、一度評価というところから離れるのは意味がある気がしますね。いくら、評価されても切りはないし、また、これじゃなかったと別の評価軸を求めるし、それはもう限りがない。評価からの解脱じゃないけど、そこからちょっと抜けてみる。その一歩として、今評価されているかなというふうに自分に問うのをやめるところから始めましょうねと言うこともあります。

でも、私自身が、評価から解脱できているかと言えば、自信がないですけど（笑）。

お金も「いいね」も、どこまで行っても満足しない

小野　自分もまったくもって解脱などできておりません（笑）。僕も仕事をしていたころは、数字での評価が非常に気になっていました。数字は無限大に膨らみうるものだから、お金の額も「いいね」の数も含めて、どこまで行っても満足しないということは頭ではわかったつもりになっていても、でも、心は気になるという感じです。それゆえに、どうしても、なんだか満たされてないような苦しさが生じる。その苦しみを何かで埋めたい。だから、数字を追うのをやめられない。自分のなかで葛藤がありました。

香山　他者からの評価と、誰かの役に立っていると思えることは、たぶん地続きだと思うんです。龍光さんが今言ったように、求め続けても切りがないというのは、みんなどこかでわかっているんですよね。だから、「それは切りがないから、もういいじゃないですか」と言ってみても説得力がない。極端な例を出せばちょっと納得してくれるかなと思って、私はよくパンダの話をするんです。「パンダというのはね、実は、生涯一匹で暮らすんですよ。自分が存在していることすら誰にも気づかれなくても、竹さえ食べてりゃ幸せで、山の奥で生涯孤立した生

活をしている。それでも、パンダは自分が存在している価値がないとか、評価されてないとか思わないでしょう」と。すると、一瞬みんな、「あっ、なるほど」という顔をするんですけど、時間がたつと、「私はパンダじゃないし」ということになる（笑）。

役に立たないといけないのか

香山　これはぜひ龍光さんに聞きたいなと思っていることがあります。人は役に立たなければ生きている意味がないのか、という問題についてです。

すでに亡くなりましたが、私の尊敬する知人に、日本ＡＬＳ（筋萎縮性側索硬化症）協会の会長だった橋本操《みさお》さんという女性がいたんですね。彼女は、ＡＬＳという重い神経の難病にかかっているにもかかわらず、家族である夫やお子さんを頼らず、ＡＬＳでもひとり暮らしが可能なのだということを世に知らしめたいと、ご自宅のすぐ近くにひとり暮らしのアパートを借りて、二十四時間介護を申請して、それを実践したんです。人工呼吸器がついているので、二十四時間詰まらないように喀《かく》たんの吸引をしてもらわなきゃいけない。介護者は交代でずっと必要なのです。

「家族がいるのに、どうして一緒に住まないの？　わざわざ人の手を借りることはないじゃない？」という声もありましたが、彼女は、「それは違う」と言っていました。あるとき、「私がいるからこの介護者たちには仕事がある。私は雇用を創出しているんだ」といったことをおっしゃって、うなずきながら爆笑してしまいました。こうやってこの病気にかかってもずっとひとり暮らしだってできるんだ、生きている意味も社会的価値もあるんだ、ということを患者さんや家族に身をもって知らせていました。すごいですよね。ＡＬＳという難病にかかった人は、人を煩わせたくないから人工呼吸器はつけない、呼吸ができなくなったらそこで終わりでいい、と訴えて、そういう選択をなさる方も多いんですけど、橋本さんは、「皆さん、人工呼吸器をつけて長生きしましょうよ」と、患者さんたちを常に励ましていたんです。そして、「私なんか人に迷惑をかけるばかりで何の役にも立たない」と嘆く人に対しては、先ほども言ったように、「何を言ってんの。あなたがいるから、ヘルパーさんや介護士さんたちの仕事があるのよ。あなたがいなかったら、この人たちには仕事がなくなってしまうの。あなたは雇用を生み出しているわけだから、十分役に立っているのよ」という感じで励ましていたわけです。

私は、それを聞いてから、「迷惑をかけてばかりで生きている意味がない」と言う人には、この話をさせてもらっています。老人ホームに回診に行ったとき、「私なんか早くお迎えが来てほしい。こんなに人のお世話にばっかりなってもう情けなくて」なんておっしゃる人には、

「何言ってるんですか。今、このホームは入所者減で困ってるんですよ。あなたがいなかったらここ、潰れちゃうんですよ。あなたがいてくれるから、経営が成り立っているんです」と言うと、アハハと、皆さん笑って明るい顔になる。

でもね、それを言いながらも一方で、そこまでして人は役に立たないといけないのか、あるいは社会の一員にならないと生きている価値がないのかなと思ってしまう部分もあるんです。人に迷惑かけ続けて、何の役に立たなくても、あるいは雇用も生み出さず、誰にも知られなくても、生きている価値はあると思うんですよね。だけど、それをどう表現したらいいのか。それでも生きている価値がある、それでもあなたは社会のなかにいていいんだ、ということを説明する言葉が私にはない。龍光さんでしたら、そこでいい説明がありますか。

小野　ありがとうございます。先ほどお話しした植物状態の旦那さまを看取る八十代の女性で、その方も末期がんというご夫婦。こういうご夫婦のように、私たちは何のために生きているのかと苦しまれる方と対面すると、かける言葉が悩ましいということはあります。

その際に悩んだあげくお戻しさせていただいたのは、あくまでも、ひとつの考え方としてではありますが、「旦那さまを、立派な大きな老樹と考えてみてはいかがでしょうか」というものです。しゃべることはしないし、何も反応をしてくれないように感じるけれど、今も代謝をして、呼吸をして、それまで頑張って生き抜いてきたその姿を見せてくれている。枝に止まる鳥たちなどさまざまなほかの生き物の憩いとなっている大樹のように、ただ、そこでどしっといらっしゃるだけで、誰かの心を暖め、勇気を与えているかもしれない。いずれ生命は閉じたとしても、土に還《かえ》った後も次に咲く花の養分、滋養となって、そこでも役に立つ存在である。そうして有り難く感じてみるのはいかがでしょうか。あくまでひとつの考え方ではありますが、そんなふうにお戻しさせていただきました。

生きる意味とは何だろう

香山　ということは、やっぱり、人は役に立たないと駄目なんでしょうか。

小野　自分はそうとは思いません。ただでさえ苦しい状況にいるのに、さらに頑張って「何かの役に立ちましょう」とお伝えしたいわけではないのです。ただ、今の存在のままで、すでに役割は生まれているのではないでしょうか、という考えです。一方で、役に立ちたいと思うのは人として持つ素直な心ではないでしょうか。それを求めない人がいればそれでもいいと思うんですが、生きているからには何か理由というか意味が欲しいと感じるのは、多くの人にとって自然なことなのではないでしょうか。

香山　そうでしょうか。そこにはちょっとこだわってしまいます。「意味ゼロ」のまま生きてはいけないのか、と。

小野　生きている役割や意味というのは、ないといけないものではなく、欲しい人が自分で見つけて名づければよいものではと思うのです。だから、役割や意味に悩んでいる人には、無理に見つけようとしなくてもよいかもしれませんよと伝えさせていただいております。何か「意味」を手にしなきゃと苦しんで、たとえば他人から「あなたの意味はこれですよ」と言ってもらえたとしても、その人が腹落ちする生きる意味となるかはわからない。何か「意味」を欲しいと願う人が、自分なりに苦しんでひねり出して発見したときに、あ、見つけたと思うのが、その人にとっての自分の生きる意味。そういうものではと考えています。人が生きる営みも自然の一部という視点から見たならば、我々って、ただ代謝をしているだけとも言えるわけです。酸素を吸って、養分を得て、熱を燃やして、いずれそれが終わるという、ただただ化学物理的な反応をしているという途上にすぎないととらえるならば、そのことに特別な意味などないとも言える。ただ雲が流れているだけ、水が流れているだけ、そのように解釈することもできる。でも、意味が欲しい人、役に立ちたいと思っている人にとっては、先ほどのように自分なりの考えを話させていただいております。

香山　なるほど。意味が欲しいと思っている人に対しての、とても誠実で説得力のある説明だと思います。ただ、今の社会を見渡すと、学校でも会社や家庭でも、「意味を持たなきゃ駄目なんだ」という押しつけが強くあるんじゃないかと思うんです。今に限らず、日本には昔から「無駄飯食い」という言葉があるじゃないですか。役に立たない人間は飯を食うべからず、そんな奴《やつ》に食わせる飯は無駄飯だという。その無駄飯という言い方ってすごく嫌ですよね。食べるからには、何かのお役に立たなきゃいけないという価値観を、常に外から強制されているような気がするんです。日本は勤勉な人が多いから、そうした価値観が共有されてきたのかもしれませんが、社会には働きたくてもそれができない人たちもいるんですよ。私がずっと診察室でおつき合いを続けてきた精神の障害を持っている方たちは、十分に社会で生産性を上げる仕事ができないので、ともすれば、社会の無駄飯食い、お荷物みたいに思われたりして、何かと偏見の目で見られることが多いんですね。でも、その人たちは精いっぱい生きている。私にとっては「いてくれてよかった人」です。だから、人に対して、あなたも役に立つべきなんだよ、もっと社会のためになることをしなきゃいけないと、生きている意味を押しつけ合うのは、とても思いやりがないやり方だと私は思う。ＳＮＳでも、こうした風潮や圧がどんどん高まっていて、嫌だなと感じることが多いですね。

小野　そうですね、そうした社会の圧をいなしていくには、先ほどお話ししたように、他人というのは理解し切れないものであり、他人からのあらゆる言葉というのは、自分を理解しえない人たちの言葉かもしれない、として流すこともできなくはない。

とはいっても、人はそんなに強くはないですよね。やはり自分のなかで自分の軸となるような考え方、信念、哲学でもいいんですけれど、それがないと、簡単に吹き飛ばされる、揺らぎやすいと思うのです。自分の生きる意味なのか、使命なのか、信念なのか、どういう呼び方をしてもいいんですが、自分なりの考えを磨く努力をしていかないと、人は惑いやすいのではと。ですから、自分の内なる成長というのを目指していく。数字だとか、肩書きだとか、「いいね」の数という、外身の成長は簡単にわかりやすいんですが、内なる成長はわかりにくいし、確かな実感も得られにくい。それでも、自分の軸をつくって磨いていく努力を重ねることで、周囲の声に惑わされにくい人生にしていけるのではないかと考えております。

香山　その内なる成長、軸には、何か測る目盛りはないんでしょうか（笑）。

小野　どうでしょうかね（笑）。今は本当に浅はかな考えだったと思っているんですが、僕は、得度前の前世において、自分の葬式のときの線香の数を、ＫＰＩ（Key Performance Indicator）に置いていたんですよ。ＫＰＩはビジネス用語ですが、直訳すると「重要業績評価指標」、つまり、生きる目標を達成するための指標ですね。大事な人とどれだけ会えるか、自分が死んだときどれだけの人に線香を上げてもらえるような人間になるか。それが指標になると思っていた。でも、数値化したから安心できるものでもなく、結局は数字である以上は、どこまで行っても「もっと」が欲しく、満たされなさを生み出していく。それは幸せと言えるのだろうか。と、あくまで個人的な考えですので、人それぞれさまざまな考えがあると考えています。ご容赦くださいませ。

人間関係のしがらみで好きなことができない

香山　ここで非常に世俗的な話をさせてもらうと、人は自分の生きる意味を見つけたいといろいろ模索するわけですが、それがなかなか思うようにいかないことも多々あると思うんです。○○したくても何かのせいでそれができない。家族がいるから思うようにできないというように、人は自由な選択ができない。そういう悩みを抱えている方も多いと思うので、ここで私のケースを参照しながら龍光さんとお話ししてみたいと思います。

私は先ほど言ったように、なるようになるさで、衝動的にやりたいことをやってみようというタイプなんですが、その私にもストッパーがいました。私には子供はいないので子供のことは考えなくていいのだけど、うちの両親、とくに母親がすごく心配性な人間で、私が海外に行って暮らしたいとか紛争地の医者になりたいと言うと、そんなのやめてと泣いたりして、絶対許してくれなかった。親がいるからできないなんて情けない話ですが、一事が万事そうで、昔からやりたかった僻地医療に関しても、母親に「私、こういうのやってみたいんだけど」と言うと、「何言ってるの。せっかく大学の先生になったのに、ばかなこと言わないで。もうお母さん悲しいわ」と大反対されて。そう言われると、「わかったわかった、やめますよ」と言うしかなくて、母親が生きているときはできなかったんですね。

国際医療貢献については、もう論外でしたね。

それが十年ちょっと前に父親が亡くなって、三年前に母親が亡くなって、ようやく何の枷《かせ》もなく好きなことができるようになったんです。僻地医療もできるようになったし、今は、北海道パレスチナ医療奉仕団という、パレスチナに医者を派遣する会にも入っています。母親が生きていたら、絶対そんなのとんでもないって言われてできなかったと思います。

入ったときに、ちょうど中村哲先生のペシャワール会で二人三脚で働いていた看護師の講演会があり、その後の懇親会で、「大反対していた母が亡くなったので、待ってました、これ幸いとパレスチナ医療奉仕団に入ったんですよ」と皆さんに言ったら、ちょっと顰蹙《ひんしゅく》を買ってしまいました（笑）。もちろん、それは私の安全を願ってのことなので、そう思ってくれたのはうれしくもあるのですが。

何かやりたいことがあっても、親とか自分の家族とかが歯止めになることってありますよね。私の場合は親だったわけです。龍光さんは、会社もあったと思うし、ご家族もいらして、そこは大丈夫でしたか？

小野　得度をする前に会社をやめるという選択をしているので、得度のためにやめたわけではないんですね。ただ、会社をやめるときは、非常に悩みました。ほとんどの従業員は、自分で口説いて、自分で会社の夢を語って採用してきた人たちばかりで、その雇った本人が抜けるのは、いわば裏切りとも言える行為ですので。

香山　私だったら、「社員に伝えるのが面倒くさいからやめておくか」となりそうです。

小野　でも、苦しんだすえに思ったのは、最終的にはやっぱり、生きられるのは自分の人生でしかないという一点でした。じゃ、自分の心に嘘《うそ》をついて苦しみながらこれからずっと生きたいのか、それとも、自分の心に本当に正直に生きていくべきなのか。で、僕としては、自分の心のままに生きるというわがままな選択を取らせていただいたという次第です。

香山　従業員の方たちは皆さんわかってくれたんですか。

小野　全員と話をできているわけではないのでわかりません。僕と直接話をしてくれたメンバーも、どこまで腹を割って話してくれたかどうかわかりません。けれど、有り難いことに、今でも連絡をくれたり、また話を聞きたいとか、会いたいとか言ってくれているメンバーが少なくないということがわかった。彼らによく言われるのが、「当時、顔がつらそうでしたもん」ということです。嘘をついて生きていると思ったわけではないでしょうけど、非常につらそうな顔をしていたというのは、もうばれていたんですね。なので、「今、すごくいい顔されていますね」と言ってもらえるのは、ホッとするし、有り難いと思います。今さらながら、迷いや葛藤、悩んでいる姿というのは、やっぱり周りにはわかっていて、隠せることではなかったんだなと思います。

香山　そうですよね。『国家の罠《わな》　外務省のラスプーチンと呼ばれて』などを書いた作家の佐藤優さんは、私と同じ年で、個人的にも親しくしているんですけど、彼の口癖が「僕たちが、頭もぼけずに元気に生きられるのは、あと十年です。だから、本当にやりたいことや、書きたいことはこの十年でやらないとできなくなるよ」って。それがいつでも身軽にできるように、従業員を雇わない、事務所をつくったりしないんですよ、と彼は言うんですね。たしかに、あれぐらいお忙しい方だと、普通、事務所をつくって、秘書や経理などのスタッフがいてもおかしくないのに、佐藤さんは仕事も全部自分でマネジメントしている。佐藤さんが言うには、その人たちの人生を背負い切れるかと。自分がまったく違うことをやりたくなったときに、もし従業員がいたら二の足を踏んでしまうから、自分はそういう人は置かないと言うんですね。

私も人の言うことに影響を受けやすいので、たしかにそうだなと思って、そのころつくっていた会社を閉じてしまいました。社会人として責任を持つことと、自分がやりたいことを実現させることって、なかなか両立しませんよね。

小野　僕が前世で見させていただいていた会社においては、たとえば採用面接から、「あなたも私もこの会社に一生いる人間ではありません。この会社でキャリアを積んだ後、ほかの会社に行くのか、もしくは自分で独立することになるかもしれませんが、そのときにステップアップとなるような体験がこの会社でできるように僕は経営者として努力をします」と伝えさせていただいていました。自分がつくった会社も含めて、あらゆる会社はいずれ滅びるであろうという前提でとらえるべきだというのが僕の根底にあったので、そういったお伝えの仕方をしておりました。

香山　徹底していますね。それは世代だからかな。それが龍光さんの若さかしら。年配の演歌歌手には、引退したいけど、スタッフが何人もいて、その人たちの人生がかかっているからまだ歌わなきゃいけない、みたいなことを言う人がいるでしょう。

小野　業界というのもあるかもしれません。スタートアップという業界は、次から次に新しい会社が起きて、そのなかで自分の能力を磨いて次の会社へとステップアップしていく人たちが集まりやすい。そういう流動的な業界なんですね。決して若いだけじゃなくて、六十代以上の人を採用したこともありますし、世代の話だけではないと思っています。そういう価値観の人たちが多い業界ということはあると思います。

自分の人生は自分しか生きられない

香山　なるほど。たしかに。龍光さんご自身の人間関係のスタンスも、若いころから、そういうふうにどんな人ともちょっと距離を置いて、依存し合わないような関係を志向する感じでした？

小野　人との接点をすごく重視してきた人間でした。先ほどの話のように、自分の人生のKPIを線香の数、要は、人とのつながりの数に置くぐらいでしたので。自己承認というものも非常に強い、認められたいという欲求も強い人間でした。

一方で、これは今も昔も変わらない考え方ですが、あらゆるものは必ず朽ちていくもので、自分の人生を生きられるのは自分でしかない、これはおそらく間違いのないことではないかとも考えているわけですよね。だから、何かに依存しすぎてしまうと、その人にとって苦しい結果になるかもしれない。だって、頼っている相手はいつ朽ちていくかわからないわけじゃないですか。旦那さんであったり、奥さんであったり、子供であったり、会社であったり。そこに依存しすぎてしまうと、その対象が崩れたり、なくなってしまうと、どうしていいかわからなくなってしまう。そういう生き方を否定するわけではないのですが、あらゆるものは朽ちるものであり、依存するものがあるほど後で苦しむ可能性があることを、ちゃんと理解したうえで臨むほうが、苦しみにくい。そういった考えを、元から持っていたのだと思います。

香山　おっしゃることはよくわかります。ただ、ご自身の選択に周囲を巻き込むことになることは確かですよね。従業員の方には、そういった形でコミュニケーションを取られたということですが、奥さまに対してはどういう形で説得されたんでしょうか。

小野　妻ですか……（汗）。僕は妻のことを神と呼んでおり、一切頭が上がらないくらい、今までもさんざん振り回して迷惑をかけてきたのですが……。この話題で自分が何をお答えしても、天上から妻の「おまえ、マジふざけんな」といった、有り難いお言葉が聞こえてきそうですが……（笑）。一応まじめにお答えすると、結婚当初からそうでしたが、経済的にも精神的にも、お互いに極端な依存というのをなるべくしない、自立した生き方をするというのは昔から心がけて話もしておりました。かといって、お互いがどうでもいいということではなくて、お互いをリスペクトするし、お互いにもちろん頼るところもある。でも、この人がいなければ生きていけない、この人の収入がないと生きていけない、そうはならないように、自分自身の足で、精神で立っていく。そのことはお互いの共通の価値観としてあったと思います。

香山　奥さまは、出家の話を聞いたときに、ショックというか驚きというのはあんまりなかったんでしょうか。

小野　まったくなかったですね。

香山　えっ！　すごーい。

小野　元から、僕は「おい、そこのハゲ」と呼ばれていた人間ですけど、「おまえ、本当にハゲやがって」と、妻の反応はそのぐらいでして（笑）。ただひとつだけ伝えられたのが「おまえが好きなように生きるのは勝手だけど、師匠の佐々井上人の顔に泥を塗るようなことだけはするなよ」というものです。本当に頭が上がりません。仏教に神はいないのですが、僕的には神です。有り難や、です。

香山　それこそうちの母みたいに、そんなばかなことやめさないとか、もったいないとか、そういう反応だったら、どうされたんですか。

小野　そうであれば、これまでもさんざん自分勝手な生き方をしてきてしまっているので、とっくに捨てられているんじゃないでしょうか。突然、ばかみたいにマラソンを走り始めたり、突然、独立して給料ゼロになったりという、非常に自分勝手に妻を振り回してきてしまった人間ですので……。

香山　そうか、わかりました。奥さまとしては、逆に龍光さんが、恩着せがましく、君のために我慢してでもこの仕事をやり続けるよ、的な態度を取る人であったら、あまり魅力も感じなかったんでしょうね。

小野　どうでしょうか……。すみません。僕ごときが神（妻）を語るのは恐れ多いのですが……（汗）。ただ、以前自分が独立するか悩みながら、思い切って「いったん給料がゼロになるし、今後立ち行かなくなるかもよ」と相談したときには、「あっそ、ふーん。ま、大丈夫じゃない」という程度の反応でして、妻もさまざま経験をしてきているので、自身でなんとでも生きていけるという信念があるのだと思っています。

香山　ご夫婦とも、そこまできちんと自分の意志がある方は、きっぱりとした選択ができると思うんですが、私のように、母親に言われたぐらいで二の足を踏んだりする人間もいます。いろいろな患者さんと話していても、やっぱり家族や会社といった人間関係のしがらみの悩みが多い。それで、やりたいことはあるけど、今の状況じゃちょっとできないんですとか、我慢しなきゃいけない、という人はけっこうたくさんいるんですね。そういう人に私は同情というか、ひそかに共感しますね。精神科医としてももちろん、「あなただけの一回だけの人生だから、もう全部捨ててやるべきです」とは言いません。私たちは本人の言っていることを肯定し、共感しながら、その心の負担を取り除いていくことが主な仕事だと思っていますから。なので、そのときのその人の足踏み状態、つまり、「あなたは自分自身のことを我慢して、家族のために頑張っている。それってなかなかできることじゃないですよ」と、なるべくその方の今を肯定するようにするんです。龍光さんは、そのように、やりたいことができない、やれる状況にないという方には、どんな言葉をかけているんですか。

小野　そういった場合は、まずは、「ご自身の心が一番喜ぶ方向へ進むのはいかがでしょうか」とお伝えしています。たとえば親を安心させたいとか、それでも自分の意志を大事にしたいとか、それは人それぞれの判断でしかないけれど、大切なのは「誰かの心」ではなく、「自分の心」の羅針盤の針というか、直感みたいなものに従ってはとお声がけをさせていただいています。なぜなら、自分より誰かのためと優先して選んでも、その誰かはいつまでも生きるわけではないし、その方の考えだって変わることもある。自分の人生は、自分でしか生きられない。最終的には、自分がどうしたいのかということが大切ではと考えています。

我慢を重ねた人生には、肯定してあげるしかない

香山　おっしゃることは、とてもよくわかります。ただ、私は今、北海道の山のなかにいるでしょう。そうすると、とくに女性で、もうずっと人生八十年、九十年苦労のし通しだったという人もいるんですよね。今でいうＤＶ夫とか、極端な姑《しゅうとめ》ハラスメントに苦しんで、我慢に我慢を重ねて生きてきたという方がけっこういて。でも、そういう方に、「あなた、人生無駄にしましたね。もっと好きに早くやるべきでしたよ」とは言えないわけですよ。

その方たちが嘆き悲しんでいるかというと、そうでもなくて「でも、こういう運命だったんですね」とか、「これが私の人生だったんですよね」と、皆さんある意味で受け入れている部分もある。そして、「時代が時代だったからね。今の若い人だったら、きっと飛び出したんでしょうね」とかおっしゃるので、「そうですね」と言って、「でも、その選択肢がなかった時代で、あなたは本当によく頑張りましたよね」とか「それでもちゃんとお子さんを育て上げて、すばらしいですよね」と、よかったことや達成できたことを取り上げて、その方の生き方全体

を肯定してあげるんですけれどもね。

小野　おっしゃるとおりですね。過去の苦しみについては、僕もまずお相手のこれまでをご自身で肯定いただけるよう、「これまで頑張ってこられた自分を、ご自身でやさしくハグしてあげてみては」などと伝えさせていただいています。先ほど僕が申し上げたことは、未来に向けて、今、取りうる選択についての話なので、当人次第で変えられるのですが、過去のことは過ぎ去ったことなので、変えることができません。ですが、変えられない過去に対しての、今の解釈を変えることは可能です。なので、まずは、過去を否定する気持ちを少しでも前向きな気持ちへと変えられるよう、過去の眺め方を変えるという視点でお話をさせていただきます。

運命も奇跡も、結果そうなっただけ

香山　それはそうですね。さてここで、ちょっと視点を変えた質問をしてみたいと思います。先ほどのお年寄りたちの言葉にもありましたけど、「それが私の運命だったんだと思う」という言い方がよくされますね。人生やりたいことがあっても思うようにいかない、計算どおりにいかないことは多いと思うんですけど、結局それが私の運命だったという受け入れ方に対して、龍光さんはどう思いますか？

小野　その方にとって今後、もっとも心おだやかに進んでいけそうかという視点で、ケースに応じた内容をお戻しさせていただきます。運命と信じることで、ご本人が前向きに進めるようなら、そっと後押しするようなお戻しとなりますし、運命と信じることで苦しみを感じていらっしゃるような場合でしたら、違う解釈の仕方をご提案させていただく、といったふうに。つまりは、運命かどうかは、解釈次第であるというのが、自分の考えなのです。

自分が理解しているレベルでのお話ですが、仏教的な解釈ならば、起きたことには必ず原因がある。でも、原因はひとつではなくて、縁という言い方をしますが、さまざまな間接的な要因に影響を受ける。それら間接的な要因に影響を受けつつ、自身が起こした行動が、次の未来の結果につながっていく。その連続である。ですので、すべての結果は、そのときのさまざまな要因のうえで起こした自身の行動次第でもあるため、「元から定まっていた未来」のような運命という概念はない。その前提に立つと、過去の出来事は、さらに過去の自身の行動などの要因から起きたものとなるわけです。これが仏教的な考え方であり、また物理法則のようなものではと考えています。ですが、いかに「過去の結果はさらに過去の原因が起こしている」のが正しいと考えていても、過去の結果に今苦しんでいる方にそれを説いても、救われないわけです。それよりも、過去の結果にとらわれることなく、今に向き合うことをお伝えしたほうがよい。一方で、過去の出来事に自信や誇りを持って「運命だった」と感じている方には、その考えを否定する必要はなく、ただそっと後押ししてあげたほうがよい。そんな感じでしょうか。

僕自身にも、過去に起きたことを奇跡のように感じたり、運命的に感じるという出来事に遭遇した体験はあります。けれど、これは後から見たときの解釈の仕方、ポストイットを貼った説明の仕方であって、それを奇跡と呼ぶこともできるし、運命と呼ぶこともできるし、さまざまな縁による因果の結果というふうに言うこともできる。結局は、その方ご自身にとって、ご自身が一番生きやすいようなラベル、ポストイットを貼ればいいと思っているのです。これは奇跡だったと信じたければ、奇跡と信じて生きるほうが力強く生きられるかもしれませんし、さまざまな縁のなかで生まれたことだと自分のなかにおさめることもできる。

そして、仮に仏教の因果律を信じた場合でも、間接的な要因となる縁というものは無数に存在しうるということです。そのときの気温や湿度や、自分の心の状態とか、はたまた、自身の感情に影響を及ぼす自分の腹のなかで飼っている大量の細菌たちの状態など……。そうなると、とても自分でコントロールし切れるものではない。だから、過去の結果については、さらに過去の自分に多少の原因はあるかもしれないとしても、ほかにもさまざまな要因が影響していたかもしれないのだから、自分を責めたって仕方がない。未来に起こる出来事も、さまざまな要因が絡んでくるので、未来は読み切れない。大切なのは、結局は、今の自分にできるのは、善き未来を信じつつ、今できるだけの努力をして行動していくことしかない。あとは、なるようにしかならない、ということではないかと思うのです。

香山　ひとことで言えば、すべては必然ということかしら。

小野　結果そうなっているというだけで、必然と呼ばなくてもよいのかもしれません。結果ただそうなった、ただ、そのままあるがままを受け取る。水は高いところから低いところに流れ、雲は形をつくってはまた消えていく。それぞれ無数ともいえるさまざまな縁の影響を受けつつ、ただただそのようになっていく。そんな考え方でしょうか。今回の「捨てる」というキーワードを使って言うのであれば、自分がすべてを選択してコントロールできるという錯覚へのとらわれ、それを捨てるという考え方ともいえます。

「意味」を求めすぎる現代人の病理

香山　今の縁ということで言えば、精神分析家のフロイトは、人間のすべてのアウトプット、つまり発言や行動には原因があると考えた人です。その原因というのも、自分の心の奥、無意識にそうしたいという意思や欲望があってその結果がアウトプットされたという、無意識との因果関係にこだわり続けた人ですね。

フロイトは「たまたま」ということを許さないわけです。たとえば、フロイトとの精神分析のセッションが夕方四時から予定されていたとします。そこでクライアントが時間に遅れて、「すみません。うちを出て乗り物に乗ろうとしたら、三十分も遅れて、四時に着けるはずが四時半になってしまいました。今日、五時までの予約だったので、あと三十分しかないんです。ごめんなさい」と言ったとします。するとフロイトは、「いや、それはたまたま遅れたのではなく、今日ここにあなたが一時間いたら、自分の心のなかの秘密を話さなければいけない。それをしたくないからわざと遅れるようにしたんですよ」と言うわけですね。それが無意識を解釈するということです。

クライアントが「そんなつもりはなかった」と言っても、「いや、もし本当に来るつもりだったら、ちょっと遅れることも見越して早く出たりとか、ほかの代替手段も考えて行動するはずだ。だから遅れたのはあなたの無意識がそう望んだのだ。無意識がここに来ることに抵抗したのだ」と、徹底的に無意識の言葉に目を向けさせる。科学的、合理的といえばそうなのですが、徹底的に縁とか必然という考え方を否定したわけです。

小野　フロイトは、なかなかにシビアなとらえ方をするのですね。

香山　そうかもしれません。でも、逆に今、私が感じるのは、今の人たちは、あまりにもいろんなことに意味や理由を求めすぎる、求めたがりすぎるんじゃないかということです。フロイト先生のように徹底的に無意識の言語を解釈してあげればクライアントも満足するのかもしれませんが、私にはその時間も技量もないし、そこにどれだけの意味があるのと思ってしまいますね。

診察室での会話では、「どうして私こんなことになっちゃったんでしょう」とか、「なんで私はいつもこんなふうになるんでしょう」とか、「いつも転勤した先で嫌な人に出会うんですよ。どうしてこうなるんでしょう」「私だけにいつも不運が押し寄せる。今日もこんな嫌なことがあった。これは何か私の心がけが悪かったんでしょうか」というような自分に降りかかる理不尽さの理由を知りたい、という人がけっこう多い。こういう考え方が行きすぎると、「それはあなたの前世であなたが悪いことをしたからですよ。このつぼを買えば治ります」みたいなことにもつながりかねないと思う。

最近は、「そうですか。あなたの何が悪かったんでしょうかね」と考えたふりをして、「それはたまたまだったと思いますよ」と、言うようにしているんです。「今日こんな嫌なＬＩＮＥが友達から来て、ショックで」と言われても、「たまたまその人の虫の居どころが悪かったんじゃないんですか」と。そうじゃない場合もありますけど、多くのことはけっこうな割合で、全部たまたまだったと言ってしまいます。

いいことならいいんですよ。龍光さんがおっしゃったような、佐々井上人との会うべくして会ったという奇跡のような出会いとか、それはいかようにでも解釈していいと思います。でも、嫌なことに関しては、あんまり自分のなかでストーリーをつくりすぎないようにする。私たちの言葉でナラティブ＝物語といいますが、私がこうしたからこうなって、その結果、今日雨に降られたんだとか、あの人があんな電話さえかけてこなければ、私はこんなひどい目に遭わなかったとか、人は嫌な出来事があると、自責や他責の不幸な物語をつくりたがる傾向がありますよね。それでさらに憂鬱な気分を引き寄せて、自分だけが不幸な人になる。それはなるべくしないほうがいいんじゃないかなと思って信頼関係ができている人には、「まぁ、たまたまということもありますよね」と話して脱力トーンに持っていくこともあります。龍光さんは「私の理不尽の理由を教えてください」と言われたら、どう答えますか？

小野　先ほど、すべての結果には原因があるけれど、間接的な要因が無数に関わっているものでは、というお話をさせていただいたのですが、だからこそ、起きた結果の原因を何かひとつに集約するなんて、本来は困難だと思うのですよね。でも、ヒトはどうしても、わかりやすいひとつの「理由」を求めたくなるものだと思います。ですが、実際にはそれだけが原因ではない可能性だってある。ですので、過去の出来事の原因で苦しんでいる方には、違う原因の可能性だってあるかもしれないですよねという、違う視点をお渡しするようにさせていただいています。ひとつの視点に凝り固まるほど、苦しさを生み出すと理解していますので。

香山　ビジネスをされているときも、そういったスタンスだったんですか。

小野　恥ずかしながら、当時はいかに自社の数字を伸ばすか、売上を上げて株価を大きくするほどに、価値を生み出しているんだという視点に凝り固まって、その結果苦しんでいましたね。

香山　まさに頭脳志向人間ですね。でも、龍光さんがおっしゃるように、頭でっかちで、他者への想像力に乏しい人ほど、自分の不幸な物語をつくりやすいかもしれません。結果、不幸を自分に引き寄せていることになる。本当にそうですね。

自分の軸を磨く

香山　いろいろな要因があってそうなっているとはわかっているのですが、やっぱり世の中は、なにかと不平等がはびこっていますよね。すごく恵まれている人もいれば、自分ではいかんともしがたい不運が続く人もいる。とくに最近は経済格差とか、生まれた家庭環境の差で一生が決まってしまうような時代になりつつある。昔みたいに、勉強すれば国立大学に合格して有名企業に入れるといった時代ではなくなって、有名大学に入るには子供のときから塾に行けるような経済環境にいなきゃいけないとか、東大生の親の平均年収一千万以上とか、それこそ親ガチャで、子供の運不運が決まる感じですよね。その親ガチャに代表されるような、人生不平等、人間不平等、人生理不尽だと悩んでいる人もたくさんいると思うんですけど、そこは何かお考えがありますか。

小野　それはもう不平等であるものだと考えています。だって、生まれる場所だとか、どういう状況の下に生まれるかというのは、当然生まれた側は選択権なんかなく、その環境のなかでサバイブしていくしかないわけですから。たとえばどれだけ経済的にも能力的にも恵まれて生まれてきても、戦場に生まれるかもしれませんし、あさって噴火が起きるところで生まれるかもしれません。それは残念ながら、不運でかわいそうという気持ちはありますけれど、ただ、そうあるものでしかないのではと。我々が暮らす自然界のなかでは、そういう差はあって当たり前のものだと思うのです。同じ地域の雨でも、雲の厚さ薄さ、雨量だって、場所によって当然違うわけだし、少しの時間でも変わっていくもの。不平等というとネガティブに聞こえますが、ただそう起こったものでしかない。

ただし、それをどう解釈するかは、誰しも平等に選択肢があると思うのです。たとえば、僕はインドで、日本人の一般的な目からすると非常に経済的に恵まれてなかったり、身体的に障害があったりする方が、すごく幸せそうに生きているのをたくさん見てきています。その方たちは、つゆほども自分が不幸の下に生まれてきているという概念は持ってないかもしれない。その日の食事にありつけて、眠る軒先がある。それだけでも幸せに生きているという方もいらっしゃるわけですよね。

一方で、日本のような経済大国に生まれ、治安も非常によい、そして、戦争も起きにくいであろう場所に生まれていても、自分は非常に不幸なんだと感じ続けて苦しんでいる方もいる。結局は、自分の環境を自分でどう解釈するかによって自分を苦しくも感じさせたり、満たされていると感じさせもするのだと考えております。ほかの人から見たら、不幸な環境である、恵まれてない環境であると言われてしまうかもしれませんが、それは、その人からの評価や解釈でしかなく、当の本人がどう解釈するかとは別な話なわけです。結局、不幸であるかどうかは、その人の心持ち次第で、解釈、つまりとらえ方は変えうるものであるというのが僕の考え方です。

香山　そうですよね。だから、最初の話に戻るかもしれないけど、そこで不幸せとか幸せの評価軸がお金とか家庭円満とか、世間標準の典型的なものに限られてしまっていると、そこに当てはまらないと私は不幸なんだとか、今恵まれてないと思いがちだけど、それは違うということですよね。別の評価軸が必要です。先ほどおっしゃったインドで出会った方たちはそういう軸さえないところで生きているかもしれないし、あるいは逆に軸がすごくたくさん多様にあれば、そんな通り一遍の軸で自分を解釈して不幸だと思わないですむかもしれない。幸福だと思われている人だって、軸が変わったらそうでもないかもしれないということですよね。

小野　はい、おっしゃるとおりだと思います。自分のなかに軸を持てているかということがポイントだと思っています。日常においても、教育においても、多様な軸を許容する環境のほうが僕はいいと思っています。日本では偏差値や給与の額が重要な評価軸とされる傾向があるので、自分独自の軸を何に選ぶかを悩まずにすむという点では楽かもしれませんが、自分がその軸に沿って生きるのが得意かどうかはわからないし、仮にその軸に沿って努力して人生を進めたから必ず幸せになれるとも限らないわけですよね。

　とはいえ、自分の軸、自分自身の価値観というのを磨く機会が十分に与えられていないうちは、やはり、周囲からの評価に影響されやすく、惑わされやすいわけですよね。そうすると、他人から「不幸だね」と言われると、当然その人も自信を失いがちになって、自分の独自の軸を磨いていこうという気もそがれやすくなる。それがネガティブなスパイラルになって苦しくなっていく。少子化が進む一方でひきこもりの子供の絶対数が増えている残念な背景には、こんな環境も理由としてあるのかもしれません。

頭ではなく体で感じ取っていく

香山　そんなネガティブスパイラルから抜け出して、自分の軸をつくるにはどうしたらいいんでしょうね。断捨離したり、旅をしたり、走ったり、龍光さんもずいぶんいろんなことをなさっていましたね。

小野　さまざまなことを体験していくしかないのではと思っています。机に向かって勉強するような、頭で考える体験も大切なのですが、それだけではなく、五官を使って、心や体で感じ取るような体験です。自分なりにいろんな体験を通して、これは自分に合うとか、これは自分の力が発揮されやすいとか、その人にとって自信を得やすい道が見えていくものだと思うのです。脳はテストの答え合わせやソロバンを弾《はじ》くためだけにあるのではなく、五官を通したさまざまな感覚や感情を司るべくあるのですから、机に向かってドリルを解いたり、売上計画に向き合っている体験ばかりでは、自分の脳が持っているかもしれないさまざまな特性に気がつきにくいし育ちにくい。何が特性として伸びるかは、同じ花でもさまざまな形や色があるように、人それぞれだと思うのです。

香山　私はアウトサイダー・アートに興味があるんです。アウトサイダーというのは、極限状況にいる人という意味合いで、心身の障害を持つ方、刑務所に長期収容されている人とか、さまざまな要因で社会の中心ではなく辺縁に置かれ、正式な美術教育を受けたことのない人たちを指します。その人たちが、趣味とは少し異なるのですが、やむにやまれず生み出した作品をアウトサイダー・アートと呼ぶことが多いです。売るためのアート、名を上げるためのアートとは違いますから、ときどき、その死後に作品が発見されることもあります。ひとり暮らしで亡くなって、さて部屋を処分しようというときに、大家さんなり親族なりが踏み入って、初めて「こんな絵を描いていたんだ」「こんな人形をつくっていたんだ」と発見される。制作をしていたことを生前は誰にも言わず、誰にも作品を見せなかったわけです。私は、アートの本質は実はそういうものにこそあるのでは、と思うのです。

現存するアーティストのなかにもそういう人がいます。山小屋に閉じこもって制作を続け、ときどきエージェントのような立場の人が作品を取りにくる。そして、その人が媒介してギャラリーで展示なりするのです。本人はそれがどういう評判で、どれくらいの値で売れたのかには、関心がないのでしょう。単純な比較はできませんが、龍光さんの行いもそれに近いのかもしれませんね。今はこうして出版社というエージェントがなかに入り、私という聞き手もいて、その生き方を多くの人に知らせようと本がつくられている。でも、ご本人は実はそういう〝広報活動〟には関心がないとおっしゃる。龍光さんの言うぶれない軸とはそういうことなんでしょうね。

だけど、世間というのは残酷なので、せっかくある人が絵を描いて生きていこうと思っても、そんなお金にならないことをしてもしようがないじゃないとか、賞を取らなければ意味がないとか言われて、なかには、あ、違うんだと思ってやめちゃう人もいるでしょうね。自分のやりたいことや好きなことが見つかったら、他人の評価に惑わされずやるということも大事ですよね。

小野　はい。僕もそう考えております。時に周りの人から違うと言われたり、自分自身の「常識」が止めようとしても、心が喜びそうな方向を感じているのなら、まずは進んでみてはと考えています。もちろん、始めてみてもうまくいくとは限らず、そんなときは他人から反対されたりなどで途中でやめてしまうこともあるかもしれません。ですが、それはもしかしたら、まだ自分の興味だとか信念が育ってないだけかもしれないですよね。心をその方向に向けて一歩でも歩み続けていれば、また道は拓《ひら》けるかもしれない。今はまだ縁が起きてないだけという考え方もできるかもしれません。

香山　縁がなかった。なるほど。

小野　縁というと、なんだか運任せみたいに聞こえるかもしれませんが、僕が何よりお伝えしたいのは、反対を受けたり、時に挫折したり、さまざまな苦労を乗り越えようと努力を続けることが、心を育て、自分が頼れる生き方や信念といった、自分にとって確かなものを生み出していく機会、つまり新たな縁をつかむことになるのではということです。つまるところ、努力し続けるから、成長につながる新たな縁を手にしやすくなる。そして、そうした強い軸を自ら持てた方は、周囲の評価に惑わされにくくなり、自らの心が向く道を突き進んでいきやすいのだろうと考えています。

香山　私もそういう人に憧れだけはある。俗人だからそれは実践できませんが（笑）。アメリカの生物学者でマクリントック（バーバラ・マクリントック　アメリカの細胞遺伝学者　一九〇二〜一九九二）という女性がいて、ノーベル賞も取った研究者です。トウモロコシの遺伝子の研究をずっとしてきた彼女は、人づき合いも最小限にして、トウモロコシ畑と自分の研究室を往復しては、その遺伝子を調べることに熱中して、その研究で「動く遺伝子・トランスポゾン」という世紀の大発見をするんですが、発見当時は認められないわけですね。その発見が非常に重要だということが判明するのは、その三十年後ですよ。でも、そんなことは意に介さず、彼女は自分の研究を黙々と続ける。あるとき、彼女が顕微鏡を覗《のぞ》いているときにノーベル賞を取ったという知らせが来て、弟子が「先生、ノーベル賞ですよ」と伝えると、顔を上げて、「あら、そう」と言って、またすぐ顕微鏡を覗いたという逸話があるぐらい。ノーベル賞を取れようが、そうじゃなかろうが、彼女は自分が信じた研究ができていればそれ以上を望むことはなかったんですよ。

私なんかは本当に世俗的な人間だから、人に何か言われると、すぐぐらついて「やっぱり自分のやってきたことは間違っていた」と軌道修正をしようとしたり、自信がなくなったりしながら今にいたっています。でも、今の龍光さんの言葉で言えば、ぐらつくということは、まだ自分で本当にやりたいという気持ちがなかったり、機が熟してなかったりということなのかもしれませんね。この年でまだ機が熟していないなんて、本当にお恥ずかしいのですが。

龍光さんは、佐々井さん以外にも、そういうふうに軸がぶれずに、あ、この人はすごいと思うような方に出会ったことはありますか。

小野　まず佐々井上人は鉄塔のようなぶれない軸を持って、自分の命はいつなくなってもいい、ただただ人さまのために尽くすということを徹底されていらっしゃる。今この瞬間もそういう生き方を貫き通していらっしゃる方だと思っています。

そして、実は僕、前世において唯一、メンター（助言者）になっていただけますかとお願いした方がいるんです。岩手県岩泉町で、なかほら牧場を創業された酪農家で、中洞《なかほら》正さんという方がいらっしゃるんです。平仮名で「なかほら」で検索すると出てきます。本も何冊も出していらっしゃる方で、酪農業界においては、ある意味アウトサイダーで、一般的な酪農業界のシステムから完全に離れた生き方をしている。牛を育て、牛乳もつくっているんですが、自分の考え方や信念を非常にはっきり持っていて、たとえ日本中が敵だらけになってでもそれを貫き通して実践していくという方なんです。

香山　その方とは、どういう経緯でお知り合いになったんですか。

小野　僕が数字を追いかける生き方に違和感を覚えて、マラソンを通じてさまざまな自然環境で走り始めてから、自然と人間との関係がすごく気になってきたんですね。自分は息を吸うのもご飯を食べるにも自然に依存しているのが実態にもかかわらず、自然に対して驕りたかぶりすぎているのではないかという疑問も強くなって、一次生産者である、農業や酪農、漁師の方と会う機会を自分でつくって、お話を伺いに参る機会をいただいておりました。中洞さんは、妻が食の仕事をやっていた関係で知って、自分からお会いさせていただきに参りました。

香山　中洞さんと会って、どういうところに感銘を受けたんですか。

小野　まず、僕がそのときモヤモヤと感じていた違和感の正体を中洞さんは明確に言語化しておっしゃっていたんです。現代の人間は、金やものばかりを追いかけて、自然を疎《おろそ》かにして、心が失われていると。本当に人間が幸せを感じられる食べ物というのは、幸せに生きた生き物からいただけるものだ。ほとんど一生動けないような、ふん尿まみれの牢屋《ろうや》のような狭い場所につながれている牛が、おいしいものをつくってくれるのか、人間が心身健やかになれるものをつくってくれるのか。牛らしく、当たり前に自然のなかで幸せに生きた牛だからこそ、人間にとってもうれしい、おいしいものが生まれるのではないか。そういうことを常に中洞さんはおっしゃっていました。ただ生産性や売上を上げるために、狭い場所に押し込めておくのは、牛も人間も不健康で、不幸になるだけではと。そして、山も人間が植林した人工林ばかりではなく、本来のさまざまな樹木の山に戻すべきだと。それによってさまざまな生態系が保たれ、豊富な栄養分が川を通して下流に流れ、下流の生き物を育んでいくのではと。牛を山に放つことで、人工林が多い山を本来の山の姿に戻していく機会をつくれるのだと。

牛にとってうれしい、人間にとってもうれしい。そして、山の自然を育てることによって川を育て、海も育てられるといった、自然全体の生態系を育てることにつながる、山地酪農《やまち》という、山に牛を放つ手法を強い信念を持って実践されていらっしゃる方です。中洞さんのやり方は、大量生産には向かないですし、既存の業界からは異端視もされ、苦しんだ時代もあったそうですが、それを乗り越え努力を続け、今では、数々の表彰を受けるおいしい牛乳を生み出す、牛と山のすばらしい景観の牧場をつくられました。この手法はいわば、人が自分たちだけの都合で一方的に自然や動物から搾取するのではなく、自然の本来持つあるがままの仕組みを活用させていただくという姿勢だと考えております。

そして何より感銘を受けたのは、そういった自然のなかで多くの若者たちが中洞さんのもとで心身を磨き、なかほらイズムの下に日本あちこちで、自然を損ねずにおいしい牛乳をつくる次世代を育てている。人のために自然を損ねるのではなく、自然を育てながら、そのなかの人間も育てる、ということを実践されていらっしゃるのです。当たり前すぎて忘れがちだったのですが、人間も自然の一部なわけですよね。中洞さんにも僕は、その後の進むべき道のヒントをいただいたと思っていますね。

香山　すばらしい信念をお持ちの方なんですね。数字優先の資本主義システムに真っ向から挑んで、否を突きつけている。数字を追いかける生活に違和感を持ち始めていた龍光さんが、解を得られたような気持ちになったのは、わかる気がします。体で感じ取る体験を積み重ねるって、こういうことなんだと思います。別のタイミングで出会っていたら、龍光さんもスルーしてしまっていたかもしれませんね。

第四章　とらわれを捨てれば、けっこう楽に生きられる

「やりたいことが見つからない」という、とらわれ

香山　現代人の持つ悩みや欲、執着について、龍光さんといろいろお話ししてきましたが、なかなかそこから抜け出られず苦しくなるのは、私たちはどうしても何かにとらわれてしまうからですよね。誰が何と言おうと私はこう生きたいという自分の軸が持ちにくいのも、世間体とか家族の事情とか、何かにとらわれていてそれが邪魔しているからだと思うんです。この章では、今回のテーマである「捨てる」というキーワードを中心に、今の人たちがとらわれやすい頑固な思い込みや妄想を一つひとつ検証しつつ、そのとらわれを捨てれば、案外、身も心も軽く生きられますよということについて、お話を伺っていきたいと思うんです。

小野　はい、承知いたしました。

香山　今の世の中には、「やりたいことが見つからない」と言う人がたくさんいます。

さらに、自己実現しないと生きている意味がないと考えている人も多くて、空回りして疲れ切ってしまったり、あるいは、それは本当にあなたがやりたいことなの？　と、疑問に感じてしまったりするケースもよくありますね。

龍光さんは、周囲に惑わされないためにも、自分のなかに軸を持つべきとおっしゃるけれど、

その軸や信念についても、自分の深いところから出てきたというよりは、そのときのトレンドみたいなものによって左右されやすいんですね。一時、「努力は必ず報われる」といった自己啓発本が流行し、その結果、頑張りすぎて疲れ切って、私のもとに相談に来る人も少なくありませんでした。

診察室で、「あなた頑張りすぎですよ。ふだんも働いて、休みの日もセミナーに行って英語も勉強して、それはやりすぎでしょう。頑張りすぎるのはやめましょうね」と言うと、その女性はこう言ったんですよ。「頑張りすぎないようにするにはどう頑張ればいいか教えてほしい」と。私は、冗談かと思ったけれど、本人はいたってまじめで、「頑張りすぎないコツが書いてある本を教えてください」と聞いてくる。「いや、そういう本を貪り読むのもやめて、何もしないことに専念してください」と言うと、「そんなことしたことないからわからない」と今度は怒り出してしまった。それぐらい頑張らなきゃという、強い思い込みをその人は持っていたわけですが、それは自分の経験を通して出てきたものではなくて、きっと、そのときのメディアのはやりに飛びついて自分を投影させただけだったということでしょう。

私からのアプローチとしては、その人の信念、こだわりは、その人の本当の気持ちではないということをちょっと思い出させてあげる。たとえば、「五年前のあなたはどうだったんですか」「今とは違ったんじゃないですか」と、いろいろあの手この手で質問して、今その人を支配している思い込みや信念が、実は自分のなかで培われたものじゃなくて、外から与えられたものなんだということに、少しずつ気づいてもらう。

　私もそうですけど、読んだものとか、見たこととか、テレビで聞いたこととか、人はそういうものの影響って受けやすいですからね。本来なら、そういった外からの影響を抜きにして、本当に自分のなかから純粋に湧いてきた、「こうしたい」を大事にしたい。私だって僻地の医療をやろうと思ったのは、中村哲先生の影響を受けた結果なわけだし、本当に自分でやりたかったのかと言われれば、誰かの模倣をしているだけだなと思うこともあります。その意味でも、本当に自分がやりたいことを自分で見つけ出すのは難しいですよね。やってみたけれど、これが本当に私がやりたかったことなのかと、悩んでいる人も多いと思います。

編集部　X（旧Twitter）に、村上春樹さんの名言を集めたBOTがあるんですが、そこにやりたいことが見つけられない人に向けての短いメッセージのような文章が載っていて、「じゃあ、あなたがまったくやりたくないことをやってみたら？　そのなかに身を投じてみれば、少なくとも自分のしたくないことだけは、はっきりわかるんじゃない？」というようなことが書いてありました。

香山　なるほど面白い。消去法から攻めるわけですね。龍光さんはどう思います？

小野　村上春樹さんの回答、すばらしいですね。勝手ながら感銘を受けております。あくまでも自分なりの考えではありますが、そもそもなぜやりたいことを見つけなければいけないのか、ということを一度立ち止まって見つめてみてもよいかもしれない、と思うのです。もしかしたら「やりたいことを見つけなければ」というのは、何か常に不足感を感じている自分がそう思わせているだけかもしれない。でも、今日、息をして、食べさせていただけるものがあって、元気にふん尿して、眠れる。これだけで十分恵まれて満たされているかもしれない。残念ながら、災害や紛争や病気や事故や老いなど、生きていれば苦しみは避けられないなかで、それでも今あなたは立派に生きているんですよ、とも考えられるのでは、と思うのです。じゃあ、何も目指さないほうがいいということではなく、たとえばノーベル賞を取りたいとか、偉い人になりたいとか、何かやりたいことがある方は、それはとても恵まれていることですし、それを目指すことは自身の成長において大切だと思うのですが、人生において、これだ！という「何か」が見つからないことだってあると思うのです。そんなときに、「何か」が見つからず悩ましいのなら、実は生きているだけで、すでに恵まれていて満たされているかもしれない自身に気づくことも大切ではと思っています。そうして、まずは安心して、あわてずに、おだやかな心持ちでいるほうが、結果的に思わぬ「何か」に出遭う縁を見逃さずにいられるのではと勝手ながら感じております。

香山　現代人は、何かやりたいことがなきゃいけないとか、本当の自分を見つけなきゃいけないという強迫意識が強いんですけど、そういう自己意識って、実は歴史が浅いんじゃないかと思いますね。哲学的な問いとしては古代からあったのかもしれないけど、一九六〇年ぐらいのアメリカの自己啓発ブームが日本に輸入されて、七〇年代、八〇年代ぐらいから急に、あなたは何のために生まれてきたとか、本当の自分を探そうというムーブメントが起こってきた気がします。つまり、この自分探しもトレンドの一種なんだと私は思いますね。

だいたい、私が今いる山あいの過疎地に住んでいる八十、九十歳の人たちで「わしはやりたいことがわからないのじゃ」とか、「私は本当の自分がわからないまま生きてきた」なんて言う人は誰もいないですよ。そんな問いすらない。それよりも、みんな毎日を生きるのに必死なので、今日凍えないでどう生きればいいか、ストーブ用の薪が一冬分足りるかとか、そういうことに気を配って毎日毎日一生懸命生きているんです。そういう人たちに私が「あなたの本当の自分って何？」なんて聞いたら、「えっ、先生何言うの？」と、たぶんすごく驚かれて、きょとんとすると思いますよ。

ですから、宗教や哲学のなかではずっと連綿とあったとは思いますけど、こうした問い自体が一般化したのは、最近、ここ何十年かのことだと思います。そういう流れのなかで生まれた、ただの生活者に対する蔑視のような風潮が、私はすごく嫌いなんですね。別に何かを成し遂げるとか、そのために生きてきましたとか、そういうのがなくても、まじめに一生懸命毎日暮らして年を重ねてきたという人に対して、リスペクトがないのは残念だなと思う。

「なりたい自分になれない」という、とらわれ

香山　今の人たちには、なりたい自分になろうという絵に描いた自己実現欲求みたいなものはあっても、結局なれないという挫折感も強そうですね。

私はもう長く生きているから、一九七二年の札幌オリンピックも知っているし、一九七〇年の大阪万博だって知っている。あのころは、社会全体で夢を見ていたようなところがありましたよね。やっと日本も戦後の復興を遂げて、高度成長期の流れを引き継いで、二流国からついに一流国に駆け上がったぞという自負もあって、みんなで夢を持って盛り上がっていた。でも今は、そういう社会全体で共有して夢を持つなんてこともなくなったわけだし、じゃあ個人個人で何か自分の人生の夢をかなえることが目標になるのかというと、それもしにくい状況です

よね。そのあたり、龍光さんは、どう見ていますか？

小野　今の文脈で言うならば、我々の親の世代というのは、物質的、経済的な成長が幸せにつながるというのが、実感しやすい時代であったからこそ、多くの人がひとつの価値観にある程度まとまって進みやすかったのかもしれません。洗濯機が来る、掃除機が来る、生活が変わる。それで幸せ感や達成感を持ちえた。でも今、たとえばiPhoneが10から15になったところで、もしくはユニクロのダウンジャケットが五年前のものから今のものになったところで、手にした瞬間はうれしいものの、その後の生活がそれほど大きく変わるわけでもないかもしれない。現代の先進国を生きる人々にとっては、物質的な成長は、必ずしも日々の生活での幸せに実感をもたらしてくれるほどのものではないのかもしれません。

そうすると、親の世代が実感できていた価値観の下に生きても、どうやら満たされないかもしれないぞというのが今の時代の課題感なのではと思います。すると、じゃあ、どうすればいいんだっけ、何を求めて生きればいいんだっけという問いが出てくる。さらには、インターネットでさまざまな他人の生き方が、キラキラ輝いて目に入ってくる。そうすると、自分も、自身を満たしてくれそうな「何か」を探さなければいけないような焦燥感が生まれ、やりたいことが見つからないと悩んだり、自信を失っていく。それが、生きづらさに代表されるような苦しみを感じさせるひとつの要因かもしれません。

「何か手にしなきゃ」と焦り苦しむなら、必ずしも今、手にしなくてもよいかもしれない。あわてずに今、見える道を進んだり、立ち止まって「今のままでも満たされているじゃないか」と感じることも大切だと思いますが、とはいえ、「何か」を求めることをしないほうがよいと言いたいわけではありません。見つかるまでには時間もかかるかもしれないけれど、自分の使命のような、こう生きたい、こうありたいという何かを探し求め、時に苦しむからこそ、人は成長していくのだと考えております。

いろいろと申し上げてしまいましたが、使命とか人生の「何か」なんて大げさに構えずに、まずは心が少しでもどこかに針路を示していると感じたなら、心が喜びそうな方向に一歩でも歩み出してみるのがよいのではと思っています。たとえば、ただ生きているだけで有り難いなぁという心持ちから、だったら誰かにも恩返ししたいなぁと踏み出した道が、気がつけば自分にとって確固たる職業やキャリアとして育っていくということもあると思うのです。

香山　なるほど。そこは私も同感ですね。一方で、「こうすれば一億円たまる」などはっきり数値目標を掲げての自己啓発本ブームも相変わらず続いています。「ハーバード大教授が教える」とか「東大合格者が語った」といったタイトルの本も売れています。

今、龍光さんがおっしゃったように、そういう数字の話とは関係なく、こういう人になりたいなとか、人のために役立つ生き方をしたいなと考える。誰も見てなくてもどこかを掃除するような人になりたいとか、そういうビジョンや、具体的なイメージを持つことはとてもいいなと私も思いますよ。夢イコール成功とか、夢イコールビッグになることとか、今、変に数字に置き換わっちゃっているから、混乱しやすいんだと思います。そんなビッグな目標なんてなくても、ただの生活者として黙々と生きているということ、それ自体で尊いと私は思うんです。

先ほども言いましたけれど、僻地医療を始めて出会った人たちには、今、龍光さんがおっしゃった自分も自然の一部なんだという意識が、誰に教えられなくても内面化されているんですね。だから年を取っていよいよ人生の終わりを迎えようとしているときも、みんなジタバタしない。どう自分の人生の最期を迎えるかも、その人なりに決めていて、その日が来るまで今まで自分がやってきたように、自然体で過ごす。自分なりに毎日を一生懸命生活するってすごく大事なことなんだと、あらためて思うことが多々あります。だからといって、みんなが都会を離れて田舎で苦労してくださいと言うつもりはないけど、一生懸命日々の生活に取り組んで、自分なりにできることを何かやっていく。それが龍光さんの言う軸をつくるということなのかなと思いますね。

小野　おっしゃるとおりですね。まずは日々の小さな一歩であっていい。歩んでいくからこそ、より自分の心に響きそうな新たな道が見えやすくなり、時に迷ったりしながら進んでいくほどに、たどってきた道がその人の軸となっていき、その先の道も確かなものに感じてきて、多少のことではぶれない生き方ができるんじゃないかとも思います。

「自分には何の才能もない……」という、とらわれ

香山　今の世の中が能力主義と言われて久しいですけど、才能を持って活躍している人は「あの人はスペックが高い」などと言われ、周囲の評価も高いわけです。龍光さんもおそらくそのなかの一人だったと思いますが、一方で、そういうものを見つけられなかったり、才能を磨くチャンスがない人もいて、「自分には何の才能もない」「何の取り柄もない」と、だからこんな生活に甘んじているんだとネガティブな気持ちをためている人もいる。それはその人のせいだけではなくて、社会の格差とも関係していて、自分にはこういう能力があったのにそれを伸ばすチャンスもなかったという不公平感もあるわけです。長年自分のなかにあるそうした鬱々としたものを取り払うのは、なかなか難しいと思うんですが、龍光さんから、何かいいアドバイスはありますか。

小野　繰り返しになって恐縮ですが、僕がいろいろな方のご相談を受けさせていただくなかで、自身の現状や過去を否定的に受け取り苦しんでいらっしゃる方にまず最初に伝えさせていただくのは「大丈夫ですよ」という言葉なんです。これは口先だけで言うのではなく、僕としては本当にそう感じているからなのです。「なぜならば」と続くのは、少なくともあなたは電気が使えてインターネットも使えて、災害や紛争などで食べるものに困り腹を空かせているわけでもなく、寒空の下で雨に濡《ぬ》れているわけでもなく、こうしてキーボードを打てるだけの、スマホをいじれるだけの健康もあって、すごいことじゃないですか、と、本気で僕は思っているんです。なので、そう伝えさせていただきます。結局は今、目の前の現実をどう解釈するかで、自身の感情の生じ方も変わるものだと思うのです。不幸に感じる状況でも、見方によっては満たされている面が見つかり、感謝が生まれ、「じゃあ頑張ってみよう」と自分の成長に向かうエネルギーが生まれてくることもあると思うのです。まずは「大丈夫ですよ」というところから、ご自身を認めて安心していただいたうえで、少しでも前を向いていただきたいという願いを込めて伝えさせていただきます。

とはいえ、目の前の借金があると苦しく感じさせるし、ある一定のお金を稼ぐ力がないと、現代では生きにくさを感じやすいのは事実でしょう。ですが、今ある現実が突然変わることも、人の能力や才能が突然育つことも現実の世界では起こるわけでなく、まずは小さくとも一歩から前に向かい進み始め、日々の努力の積み重ねで、願う姿へと未来を変えていくしかないのも現実だと思うのです。そのためには、まずは自分に自信を少しでも感じて、前に向かおうという心持ちにわずかでも火が灯《とも》るよう、半ば祈るように「大丈夫ですよ」と伝えさせていただきます。

香山　龍光さんは、ビジネスの才能があって成功しているのに、それを捨てること自体にネガティブな反応、たとえば惜しいとか、もったいないとかという表現をした方はたくさんいましたか。

小野　そうですね。今もたまに、批判という形で、あなたのような方がそれをしないのは駄目でしょうというようなご意見をいただくこともありますね。

香山　あなたがそれをしないのは社会的損失ですよ、みたいな。私もそう言いそう（笑）。

小野　そうです。お叱《しか》りをいただくこともあります。すべてに対して、ご意見いただいて、ご興味持っていただいたことにありがとうございますと伝えさせていただいております。

香山　私も、大学の先生をやめて北海道に行ったときに、「もったいないんじゃないの？」とか、よく言われましたね。でも、もったいないというのは、もちろんそれは評価してくれておっしゃっているんだけど、ネットなどの匿名の世界では、逃げたなとか、落ちぶれたとか、都落ちをしてざまあ見ろみたいなことを言ってくる人もけっこういたんです。

いまだに、東京に住むのが偉いとか、社長や大学教授になれたら勝ちという、とても単純な権威づけや勝敗のピラミッドが多くの人のなかの価値判断としてあるんだなということがわかって、面白いなと思いましたね。龍光さんはそういう俗世間の価値基準をすっかり捨てて久しいわけですし、何の未練もないですよね。

小野　世間一般の価値基準を追いかけたら自分が幸せと感じられるなら別ですが、人それぞれですし、結局は、自身が幸せを実感できる自分なりの価値観を育て、それに沿って生きるのが大切ではないでしょうか。未練がないというより、自分にとっては、たとえばお金や肩書きがあるほうが幸せだという価値観では幸せ感が生まれなかったことがわかった、という感じです。自分がすべての未練を流し去ったのかどうかはわかりませんが、世間からの価値基準ではなく、自身が幸せと実感できて信じられる価値観を信じて進もうとしていることは確かだと思います。

とらわれに気づくきっかけは無数にある

香山　ちょっと意地悪な質問になりますが、ときどき「ＩＴ社長だったころに戻りたいな」と思うことはないんですか。私はありますよ。当直で夜中に呼ばれて、零下二〇℃のなかを宿舎から診療所に行くとき、「あぁ、東京の大学教授のほうがよかったかな」とか（笑）。

小野　まったくないですね。あの時代が別に悪《あ》しきものだったとは思っていないですけど、ビジネスで名声を得ることに憧れを持っていた時代の自分がやっていたことは、いかにほかの人の顔を踏みつけて上に上がるかという行為もはらんでいたわけです。たとえば、ライバルがいればそれを撃ち落として抜かしてやりたい、といったように。繰り返しではありますが、そういった競争は時に進歩を生むわけですが、これだけ企業が増えて似たようなサービスもあふれる時代において、そこまで互いに肘を張り合ってまで争うのは、正しい姿なのか。結局は誰かを蹴落として、誰かを下敷きにするということをしてまでのし上がろうとしているのでは。それは僕がやりたかったことではなかったんですね。それは、何でしょう、青臭いと言われるかもしれませんが、やっぱり人さまにありがとうと言ってもらえる人生を歩みたいと思った。

にもかかわらず、他人の顔を踏みつけてまで数字を取りにいくんだ、シェアを取りにいくんだ、それがビジネスの正義なんだという道を、周囲を巻き込んで進む生き方は、自分にとっては、自己矛盾に気づきながらも自分に嘘をつき続ける、自分を消し去りたくもなるほど苦しいものであったというのが本音なのです。ですので、あの状態に戻りたいかと言われると、それは心から避けたいというのが今の気持ちです。

香山　そうですか。それはすごい。

小野　はい。ですので、本当に心の底から今の状態が選択できてよかったと感じています。

香山　でもそういう世界観を捨てるまでに、二十年以上の時間は必要だったわけですね。

小野　そうなんですが、二十年間ずっとそんな十字架を背負ってきたわけではなく、背負わなかった時代から徐々に、まるで自身の内臓が許せないような、何か内なるモヤモヤが膨らんできて、これはいったい何なんだと、苦しみが膨らんでいったという感じです。

香山　繰り返しの質問のようで恐縮ですが、そうした自分のなかのとらわれに気づく大きなきっかけが何かあったんですか。

小野　リーマンショックで、それまで経済成長だと喜ばれていた中身が、実はハリボテのような膨張、膨張の積み重ねで、さらには格差を生み出していたという金融市場の実態が明らかにされたと思うのですが、その実態を知るほどに、これは何かおかしいぞと感じ始めました。でもリーマンショックで凹《へこ》んでも、それでもまだ、金融市場は膨張をし続けていく。そこに突如三・一一の東日本大震災が起こった。科学技術が進歩し、どれだけ世の経済指標が拡大しようが、人類は自然の前でいかに無力なのか、本当にちっぽけであるのかという事実を知らしめられたのです。経済や技術の発展からの驕りで、人は自然を軽視しすぎていたのではないのか。もう少し人間の自然界での位置づけを謙虚に見つめ直すべきではないか。いろいろな葛藤が生まれたのです。

おそらく皆さんのなかでも何かしらの変化があったのではと思うんですが、社会全体の価値観においても、何かの変化が起きてもおかしくなかった出来事だったように思います。でも、また気がつけば、どんどん物をつくって、どんどん消費を促し、数字を膨らまし、人間のさらなる欲求を満たすために自然を損なう姿の世界に戻っている。自分のなかでの自己矛盾に苦しんでいたところに、社会全体の仕組みも、なんだか同じような矛盾をはらんだまま、止まらない暴走列車のように世界は進んでしまっているような感覚が生まれ、勝手に絶望感を深めていった……。長くなりましたが、そんなふうに変化をしていきました。

香山　なるほど。これまた同じような話で恐縮なのですが、どうしても気になるのでもう一度、確認させてください。そういうふうに気づかれた龍光さんが、たとえばですけど、その言語能力の高さや、分析する能力を使って、政治家や社会活動家、あるいは作家になって、社会の気づきを促して変えようという道もあったと思うんですよね。私の場合は、もともと医者だから、医者の延長で僻地医療に携わったわけで、そこまで人生が変わったわけじゃありません。先ほど、人にありがとうと言ってもらえる人生を歩みたいとおっしゃっていたけど、今度は人さまの役に立つという思いを持ったときに、いろんな選択肢、可能性がある方だったと思うんですけど、そのなかであえて今の道を選ばれたのは、やはりインドに行って、佐々井秀嶺上人に出会われたことが大きかったんですか。皆さん、「自分を変えたい、でもどの程度、どのタイミングで変えればよいかわからない」と悩んでらっしゃるのではないかと思うんですよ。

小野　はい。もう、有り難いご縁としか表現ができないくらい、たいへんに大きなものでした。自分にとっては、いわば生命を救っていただいた。さらには、新たな生き方の道しるべを示していただいた。ですので、小さき存在ながらも、ただただその恩返しをしたいなと。そう感じるご縁だったと感じております。

香山　違う出会いをしたら違う選択肢もあった、と考えてよいのでしょうか。

小野　もちろん、ほかの選択肢だってあったかもしれません。間接的な要因としての縁は無数にあるものですので。もしかしたら別の宗教だったり、社会活動だったりしたかもしれません。ただ、自分の場合は、自分のつかんだご縁が、結果としてこのような選択につながったと感じております。

香山　龍光さんが体験として培われたさまざまな場面で、気づきを促すきっかけがあったということですよね。自然災害にたとえるのは問題かもしれませんが、マグマが少しずつたまって、ついにあるきっかけで火山が噴火した、というような。マグマがたまりつつあるときは、外からは、あるいは自分でもそうと気づきませんよね。自分のなかで苦しいな、つらいなという気持ちが嵩《かさ》んでいったときに、ふと冷静になって世の中を見渡してみたり、自然のなかに身を置いてみたり、ふだんしていないことで汗をかいてみるとか、龍光さん流に言うと、そういう縁を意識してつくってみるのもいいかもしれませんね。心理療法なんて受けなくても、ふとしたことで、あれ、なんで私はこんなつまらないことにとらわれていたんだろう……と、案外シンプルに気づくこともあるかもしれない。もちろん、おっしゃるように万人に通用する方法なんてあるわけないんですが、とらわれから離れるきっかけは見つかるかもしれません。

怒りや嫉妬、不快な感情をどう手放すか

香山　とらわれていると自分が苦しくなる、つらくなってしまう価値観や承認欲求についてお話してきましたが、人間には自分ではなかなか制御しにくい激しい感情がありますね。一度とらわれるといかんともしがたい、厄介な感情です。私は今日、ときどき続けている東京での精神科の診療を終えてきたんですけど、やっぱり皆さん、いろんなことで激しい感情にとらわれ

て、それで苦しんでいる。そういう方たちをたくさん診療してここに来ているわけです。親への怒り、パートナーへの怒り、上司や同僚への怒り、あるいは嫉妬や羨望など、いろんなネガティブな感情にとらわれている。そういう感情にとらわれているうちは平穏な心にならないと自分でもわかっているのに、どうしてもそういう感情が湧いてきてしまってどうにもできない。皆さんとてもお聞きしたいと思うのですが、怒り、あるいは後悔とか嫉妬とか、そういった否定的な感情をうまいこと飼い慣らすとか、あるいは、できれば手放すための方法って何かあるものでしょうか。

小野　ありがとうございます。対処法としては、瞑想はとても効果的と思いつつも、瞑想というほど大げさなものでなくても、最初にもお話ししましたが、呼吸への意識だけで僕は十分効果があるのではと思っているんです。怒りだとかネガティブな感情全般、あとは欲、欲情もそうですが、燃え上がってしまうと、消そうにもいかんともしがたいものじゃないですか。また、荒波が立ってしまうと、なぎに落ち着くまでにはどうやったって、時間が解決するしかない。

大切なのは、その波の立ち上がり時に、自分が波に押し流されそうな状態になりつつあるということに気がつけるかどうか。それがすごく重要だと思っています。ですので、この話はもうすでにカッカカッカ燃え上がっている方に話をしてもまったく役に立たないという前提で、平常心の方にしかお話しできませんが、自分の心の変化を感じ取る非常に優れたバロメーターが呼吸だと私は思っているんです。すみません、お医者さんを前にして、もう釈迦に説法になってしまうんですが。

香山　いえいえ。どうぞ聞かせてください。今日は読者の代表としてお聞かせ願いたいです。

小野　肉体も含めて、あらゆる精神の変化には、呼吸に変化が訪れる。たとえば怒りなどで心が乱れたときは、体が緊張状態になり、呼吸が浅くなる。そんなお話を前でさせていただきましたが、ここでとくに自覚すべきなのは、吐くことができていないことではないかと。脳が苦しさを感じているので、酸素が欲しい。でも、体がこわばって、ちゃんと肺の二酸化炭素を吐き切れてないので、酸素が欲しいと頑張って息を吸おうとしても、十分な酸素を取り込めるだけ、肺のスペースが空けられてないので、体内には酸素は十分に入ってこない。こんなふうに吐くことがしっかりできてないと、呼吸をしているつもりなのに、実は酸素が十分に取り込めていない状況が続き、頭のなかはどんどんパニックに陥っていく。その結果、感情という人間の動物としての本能的なものが爆発して、理性が利かなくなる。この現象は、怒りに限りませんよね。あらゆる情欲もそうですし、ネガティブな感情が爆発してしまう仕組みは、こんな感じなのではと思っています。

そうなってしまう前に、いかに「しっかり吐き出す」機会を持てるかがポイントだと思うのです。なのでコツとしては、普段から「息してる？」と自分に問いかけるのがよいと思います。そして自分の感情が少し不安定に感じたときは、しっかりと吐き出すよう深呼吸を何度かする。ときには思いっきり泣いたり、大きな声で歌ったりすることで「息を吐き出す」のもよいかもしれません。

日常で「息してる？」と思い出すのは訓練が必要ですが、家族や仲間と、息を思い出させ合うゲームをしながら訓練していくのも面白いかもしれません。

それと朝の散歩もお勧めです。散歩だけでもいいですし、そこでジョギングやヨガ、ラジオ体操とか、ちょっと有酸素運動することもお勧めです。時間も空けられて、自然に触れて、自分の呼吸がいやが応でも活性化するという状況がつくれると、だいたいの悩みや怒りといった不快な感情は、ゼロにはならなくても、おだやかになる。ですから、日常的に呼吸への意識、そしてルーチンとしては朝の散歩や少しのエクササイズ。朝じゃなくても、ちょっと時間ができたら、寄り道散歩してみる。とくに屋外で日光を浴びることはセロトニンが放出されてリフレッシュする効果も期待できて、怒りや不安といった自分を不快にさせる感情が襲来することを防ぐ予防線になる。もしくはそうした感情が起きた後の和らぎになるんじゃないかなと。自分自身もこれらの効果を実感しているのですが、いろいろな方のご相談に返信するなかでこれをお勧めして、効果があったと喜んでいただけるケースも多いです。

香山　今の龍光さんのお話、脳科学的にも実は正しいというか、裏づけがある話だと思って聞いていました。怒りや嫉妬といった人の情動は、脳のなかのアミグダラ、扁桃体《へんとうたい》というところが司っているんですね。脳の真ん中の奥のほうにあるちっちゃな組織なんですが、その扁桃体は、いったん発火、電気的に燃え上がると、それが鎮まるのにとても時間がかかるといわれます。理性を司る前頭葉が必死になだめようとしてもなかなか鎮火しません。よく認知症の方がちょっとしたことで怒って、なんで怒ったか忘れてもまだ怒っていることがあるでしょう。つまり、もう怒る原因はなくなっているのに怒りの感情だけが残っている。それぐらい扁桃体はいったん活動し始めると、その原因が消えてもまだ活動し続けるという性質があるんですよ。だから、ご指摘のように、扁桃体が発火する前かボヤのうちに消し止めなければいけないんですが、それがなかなか難しい。

科学的に言うと、それを止められるのは先ほども申し上げた脳の前頭葉という部分です。でも、前頭葉が怒るんじゃないと指令を出しても、怒りが爆発してしまってからでは効かないんですね。けれど、今、龍光さんが言ったように、あっ、自分は今、怒っているなとか、あれっ、何かおかしいなと気づくのも前頭葉の機能なので、そこに意識を集中させていると発火前かボヤのうちに対処できるわけです。あ、ムカムカしてきたから、ちょっと深呼吸してみようとか、呼吸に集中してみようとか、朝の散歩で外の鳥の声に耳を澄ませてみようとか、足の裏の土を踏む感覚に集中してみようとかという、そっちに意識を向けるのも前頭葉の働きですよね。ちょっと扁桃体がカッカとなりそうなときに、ちょっと待てよと、こっちに意識を切り替えようと深呼吸をするなどして対処するのは、扁桃体の最初の燃え上がりを抑えるのには非常に効果的なんですね。龍光さんはご自分のいろんな経験や仏教的なバックグラウンドから、とらわれから自分を解放させる瞑想や呼吸法、あるいは日常のなかでできる実践的な方法を話されているわけですけど、それは脳科学とも相性がいいことですよね。

小野　僕もそう思っております。実践してみて効果が感じられることには、科学的にも根拠が示されてきていると感じています。

香山　今お話ししたのは、怒りや嫉妬という割合激しい感情ですけど、モヤモヤとした不満や、いらいらした感情にも、龍光さんの方法は効きそうですね。

小野　はい。自分の実感をもとに、そう感じております。つまるところ、感情は、脳の電位変化ととらえるならば、時間がたてば電位変化の波は過ぎ去って、感情もおだやかな状態に向かっていくのではと。なので、時間を空ける、一拍置くというのは単純ながら効果的だと思います。時に激しい感情や深い悲しみなども、時間が癒やしを与えてくれるというのは多くの方に経験があるのではないでしょうか。これは、時間とともに、別の物事に意識が移っていくからだと思うのです。

ちょっと汚らしいお話で恐縮なのですが……。この前パリでお話会をさせていただいたときに、これは万国共通だと思ったのは、おしっこを我慢していたのに、ふとそのことを忘れて感じなくなっていることがある、という体験の話です。おしっこをしたかったことを思い出したら、また急におしっこがしたくなるように感じられる。おしっこしたいと思うのは、おしっこがたまって膀胱《ぼうこう》が膨張してくると、それを不快に感じた脳が、おしっこを出したいという感覚を伝えてくるからですよね。ところが、呼吸を意識するとか、美しい風景を眺めているとか、考え事をしていると、膀胱に集中していた脳の意識が分散して、おしっこしたいと思っていた感覚を忘れてしまう。そして、あっ、そうだ、おしっこしたかったんだと思い出した瞬間に、また膀胱に意識が集中して、おしっこしたい自分を自覚する。これと同じで、怒りや嫉妬の感情も時間を置くことで、ほかの物事に意識を分散させる機会をつくればいい。思い出したときは、私、あなたに対して怒っていたんだとか、あの人に対して嫉妬していたんだと、また感情が甦るけれども、その対象のことが意識から離れる時間が生まれるほどに、段階的に負の感情が和らいでいくと思うんですね。要は、気を散らせられればいいのではと。これはどうやら万国共通のようで、フランス人も、同じだとみんな笑いながらうなずいてくれていました。ただ、おしっこのように、物理的な限界があるようなことは、忘れずに早めの対処が健康的ですのでご注意を（笑）。あくまで、対症療法でしかありません。

傷ついた感情は、心が育つ養分になる

香山　そこで龍光さんにあえてさらに質問したいんですけど、人間にとって嫉妬や怒りという感情が全部なくなることが、はたして平穏で幸せなのかという問題。会社内競争や企業経営の世界では、あの人のように認められたいとか、あいつの会社のように俺もなりたいとか、そういう比べ合いから出る嫉妬的な感情が、切磋琢磨《せっさたくま》させたり、成長につながったりすることもありえますよね。競争社会のなかではむしろそれを、ライバルを持てとか、同じ会社でも同僚と競い合って、インセンティブを持てと奨励してきたし、そういうエネルギーが成長や社会の発展にもつながるととらえてきた面も私たちの社会ではあると思うんです。そういう見方に関してはどう思いますか。

小野　そういう面もあると思います。僕が今させていただいたお話は、あくまで怒りや嫉妬といった感情に苦しんでいる方に向けてさせていただくものです。少しでも苦しみから離れたい、遠ざかりたいという方のための方法論としての話です。

一方で、今、香山さんがおっしゃったように、怒りや嫉妬の感情をエネルギーにして突き進む方もいらっしゃるでしょう。ただ、それは、成長のためになるとしても、いわば自身のなかのネガティブな感情をも、大切に保持し続けることにもつながり、それは心おだやかな道へ近づきやすいかは、どうでしょうか。そして、とくに怒りの感情は、周囲を萎縮させ、周りの気持ちもネガティブに引っ張りうるものですし、怒りは体にもマイナスの影響をもたらしかねず、ほかの怒りを呼び起こすこともある。心身健全に生きていきたいならば、怒りや嫉妬などの感情をエネルギーとして頼りにすることは個人的には危うさを感じます。

香山　それでも、起きてしまうのがネガティブな感情です。どうにもならない怒りが湧いてくる、とおっしゃる方にはどうお伝えしていますか？

小野　そういった場合はこんなふうに伝えさせていただいています。心というのは、筋肉と同じで、傷がつかないと育つことは難しいのではと。怒りを感じたり悔しんだり、悲しんだり。そんななかで心は深く、強く、豊かになっていくのでは、と。なので、今、苦しいと思っている人は、しようがない、これは筋肉痛と同じだと思ってください。今まさに自分の心は育ってくれていると思えば、少しだけ気も楽になるでしょう。むしろ苦しみのさなかにいる自分は、チャンスタイムにいると考えてください。ですので、欲をなくす必要があるとか、怒るのはよくないとお伝えするのではなくて、そこでもし苦しんでいるのなら、こういう考え方もあるかもしれませんと、伝えさせていただいております。

香山　なるほど、よくわかります。龍光さんの今のお話は、精神医学で言われていることと、とても合致していて驚きました。今、精神医学の世界で注目されている概念に、「ポストトラウマティック・グロース（Posttraumatic Growth）」という、心的外傷後成長と呼ばれる現象があるんですね。それは、ことわざで表現するならば「転んでもただでは起きない」に近いといつも思ってます。トラウマ的な傷つきを体験すると、その後に人間は成長することもできるという、たいへんに奥深い人間の心の働きです。たとえば、三・一一の東日本大震災で家族や家を失った子供たちが、あのときは絶望的な状況だったけれど、みんなの親切に助けられて立ち直ることができた。その子たちが成長して、今度は自分がみんなの役に立つ側になりたいと言って、看護師さんになったり、学校の先生になったりするという現象ですね。

もちろんそのトラウマがなかったら、その人は教師や看護師にならなかったというわけではないですが、そういう経験をしたことが決してマイナスではなかった、あれがあったから私は今こうやってやりたいことを見つけて頑張っていますとか、そういう方はたくさんいますよね。まさに今、龍光さんが、傷とか悲しみという一見ネガティブな感情を心のチャンスタイムとおっしゃったけれど、傷ついた経験は人を成長させると私も思いますね。

龍光さんご自身もそういう経験はございますか。ご自分が傷ついたとか、苦しい思いをしたことで、それをチャンスとして自分が成長できたという経験が。

小野 そうですね。自分が苦しんでいるときに、おまえは今チャンスタイムだぞと言われて、平常心でいられたかどうかはわかりませんが（笑）。でも、振り返ってみると、やはり苦しんだ体験があってこそ今の自分がいるというのは、強く実感しております。

すべてが虚しく感じたときには

香山 その一方で、人間には、対象があったり原因が特定できたりする怒りや悲しさではなく、根源的な存在に根づくような、理由のつかない虚しさというものもありますよね。私も時折そういう感情にとらわれることがあります。すべてが虚しく感じてしまうという感情をどう思います？　なぜ私は生きているの？　ということにも関連している気がするんですけど。

小野　自分も、なんとも言えぬ虚しさで苦しんだことがあります。それは、おっしゃるとおり、生きている意味みたいなものに自信が持てないときに生まれるのではと思っています。そういったときには、個人的には、とにかくエネルギーレベルが高い人とか、楽しそうに生きている人に触れるようにしてきておりました。いろいろな価値観の人に触れることで、あぁ、そんな生き方や考え方もあるのかもなと、少しずつまた自分もエネルギーを取り戻していく。自身のエネルギーが低いときには、エネルギーが高い人のそばに行くことで、おこぼれをもらうような感じでした。

香山　実は私も、北海道に行くまではそういうことを考えがちだったんですね。だけど、山のなかの小さな過疎地区に行って、ご高齢の方たちが、みんなすごく厳しい自然環境のなかで必死に生きているのを見てからは、ほとんどそういうことは考えなくなりましたね。

そこでは冬に備えて皆さん、夏の間に薪を用意します。ちょうど昨日来た九十近いおじいさんが薪を割って腰が痛いと言うので、「薪割りは危ないし、たいへんなんだから、もう石油ストーブにしましょうよ」と言ったら、にやっと笑って、「薪ストーブはね、あったかいんだよ」と、うれしそうに言うんですよ。あんたにはわからないだろうみたいな感じで。「そうなんですか。じゃあ私も今度、薪ストーブにあたらせてもらいますね」と笑って話していたんですけどね。そのときに、生きる喜びってこういうところにあるんだろうなとしみじみ感じたんですよ。そのおじいさんは、一生懸命薪用の材木を自分で用意して、それを切って少しずつ薪をつくって、ストーブにくべて暖を取って生活をしている。それは不便だし、厄介だし、危険だし、たいへんなんだけど、そこで得られる暖かさというのは、「石油なんか比べものにならないよ」と言うんですね。

そんな豊かな表情を見ると、都会の便利な生活って何だったのかなって思っちゃいますね。穂別にいると、店も少ないし、すぐ閉まるから、今週は、卵と納豆と牛乳、こま切れ肉を買っておかないともう手に入らなくなると思って、私も週末のうちに遠出して必死に考えて買うんですよ。でもね、いつでも手に入ると思っていた都会生活と違って、よし、ちゃんと用意ができたぞといううれしさがある。その意味では用意がたいへんな薪ストーブは格別だと思う。そしてたいへんな思いをして用意した薪をくべて、あったかいと感じる豊かさって、何にも勝る気がするんですね。

文明は、いろんなものがいつでもすぐ手に入るという状況をつくり上げたのに、結局虚しいとか、何のために生きているんだろうという気持ちにとらわれて、あまり幸せな気持ちになれていない。穂別のお年寄りを見ていると、生きることって、本当は虚しくなかったんじゃないかなと思う。さっきの龍光さんの話につながるけれど、呼吸をするとか、歩くとか、それ自体、まったく虚しくないじゃないですか。そこにある本来の豊かさを忘れて、知名度を上げるとか、幾ばくかのお金を手に入れるとか、先生と呼ばれて尊敬されることにしか意義がないと感じる現代人は、どこかで間違ってしまったような気がしますね。

幸せを感じるヒント

香山　便利さとか手軽さとか、龍光さんもそういうものをほとんど手放したわけですけど、あえて手放さずに取っておいたものは何ですか？

小野　そうですね。いろんなものを手放したなかで、MacBookとスマホは引き続き使わせていただいております。手放すことを考えもしたのですが、持つことによって、皆さまのお役に立てる機会が増えるならば、せっかく人類が努力をして残してくれたテクノロジーでもあるので、有り難く使わせていただいております。

香山　でも、龍光さんの場合、テクノロジーに頼り切りといった感じじゃあなさそうですよね。便利さと、それによって失ったかもしれないものって、どんなふうに見てますか？

小野　そうですね……。語弊を怖《おそ》れずに言うと、我々ホモ・サピエンスは便利で快適すぎるがゆえに、退屈で仕方がない状態になっているのではと感じているんです。

香山　やっぱりそうですか。私もそう思います。

小野　あくまでも自分なりの感覚ですが、我々ホモ・サピエンスが生きてきたほとんどの時間は、サバイバルのために五官をフル回転で使って、においも、味も、いろんなものをなめ回して、時には人が死ぬような毒や刺激におびえながらも、生き残って種を残すことに全身全霊をかけるような生き方だったのではないかと思うのです。それが便利さや快適さを手にしたことによって、生き延びるために数十万年かけて進化させてきた五感などの能力をあまり発揮する機会がない生活を送るようになった。いわば才能の持ち腐れの状態となってしまった。これまでフルに使ってきていた、五官を通した周囲の刺激に気を配る機会がなくなったけれど、常に刺激に対応できるだけの体や脳は進化の結果残っている。なので、代わりとなる別の刺激がないと退屈で困ると感じてしまっているのでは、と。だからこそ、人はキャンプをしたり山登りをしたりして、少し危険があるかもしれないヒリヒリするような体験や、自然のなかにどっぷり浸かる体験に魅力を感じるのではと。タフな環境でキャンプをやっていれば、蚊に刺されたりクマに襲われる心配もあって、何のために生きているのかなんて考えるひまもない。便利さ・快適さは、常にセットになって、人間として、動物として、本来持っている能力を使い切れていないという退屈を生んでしまったのではないかと思うのです。その退屈を紛らわしたいから、お酒やドラッグ、あるいはゲームやショート動画といったドーパミン的な刺激を求めるのではと、勝手ながら考えております。

ですので、散歩も皆さまにお勧めしていますが、時間があるときにはキャンプとか登山とか、若干のサバイバル体験をしてみると、本来の感覚を少しは取り戻せるかもしれない。実際、五官を解放させてみると、生きる意味なんてなくても、ただ呼吸して、美しい景色を見るだけで、もうえも言われぬ、言葉にならぬ喜びが生まれてくると思うんですね。これはもともとの生き物としての本来持っているもの、ただそれを感じればいいのかなと思っています。

香山　不便さはあるけど、薪ストーブを楽しむおじいさんも、そんな喜びを感じているのでしょうかね。

小野　そうかもしれませんね。実は僕も、薪ストーブ派です。この姿になる前は、山で木こりのような生活をして、朝から薪割りを楽しんでいました。何でしょうね、あの火を起こしてあったまるという行為の楽しさは。だからおじいさんの薪へのこだわりはわかるような気がします。便利さを求めるんだったら、ただ冷房ぽん、暖房ぽんでいいんですよね。薪割りのような一見不便で苦痛に感じる行為も、ある種退屈だからやっているというか、それに生きがいを感じるというのは、やはりもともとのホモ・サピエンスの本能としてしみついているものがあるのかもしれませんね。

香山　栄養学にも精通している精神科医の功刀浩《くぬぎひろし》さんという先生が、うつ病は生活習慣病だと言っているんです。ご本人は「少し断定的すぎますが」という前置きはしてはいますが、今、龍光さんがまさにおっしゃったような、生き物としての機能をちゃんと整えることで、うつ病は改善するという。きちんと三食、時間どおりに取って、散歩、運動して、週末にはキャンプや山登りなどで、ちょっとサバイブしてみる。そうすることで、脳のなかで停滞していたいろいろな働きが改善して最終的にはセロトニンの働きにも変化が出たというエビデンスが、実験レベルですが、研究で出ているらしいんです。だから、うつ病だからといって西洋医学的な抗うつ薬をどんどん飲むばかりではなく、まず生活を整えましょうと。生活をきちんとするのは、別に倫理的、道徳的に言っているのではなく、治療としてうつ病に効果があるということなんですね。

精神科の分野では、脳のなかのいろんな仕組みを研究して、薬物療法としての薬もいろいろ開発して、ずいぶん治療も進化してきているんですが、それを突き詰めたその果てに、それより、やっぱり生活習慣が大事といわれると、少し虚しさも感じますけどね。なんだ、そんなところに答えがあったかと。言ってみれば、こんな素朴でシンプルなところにいろんな幸せがあったんだという感じかな。

自然とのつながり以外に人本来の幸せにつながるような考えはありますかね？

小野　これはベストセラーにもなっているので皆さんご存じかもしれませんが、『グッド・ライフ　幸せになるのに、遅すぎることはない』（ロバート・ウォールディンガー、マーク・シュルツ著、辰巳出版、二〇二三年）という本に答えがあるかもしれません。これは、ハーバード大学で八十四年間続いた、さまざまな人種や文化や家庭環境を持つ数万の人に、世代を超えてインタビューを続けながら、「人生の幸せとは何か」ということを科学的に調査した結果をまとめているんですが、「人生の幸せに重要なのは、人間関係である。以上。」という、とても面白い内容でした。これって二千年以上前からブッダだとかアリストテレスなどが言っている智慧とほぼ同じであり、ようやく今、人類は一周遅れで、科学的な知見でもそれが正しかったと再確認しているのでは、と。

香山　そうですよね。生活の知恵として先人が実践してきたことの答え合わせをしているわけですね。

小野　人間関係が重要って、小学校の道徳でも習うような内容なのですが、当たり前すぎて気がつかなくなってしまっているのかもしれませんね。それが「科学的にも証明された」と言うと、あらためて興味が集まる。このお話からの学びとして勝手ながら感じたのは、現代は科学信仰までいかなくとも、科学のメガネを通した見立てに頼ろうとしがちで、かえってあるがままが見えにくくなっているかもしれないということです。人はもっと体や心が直感的によいと感じるものを素直にあるがまま感じてみることが大切なのかもしれませんね。自然と触れ合ったり人と善き関係を持つと幸福感が生まれるといったことのように、朝日を浴びるとか、きれいな花を見るとか、当たり前すぎることでも、幸せを感じるヒントはあちこちにあるのかもしれませんね。

「許せない」という、とらわれ

香山　今の人類は二千年前に先達たちが行ってきたことを科学的に再確認しているだけというお話、私も本当に腑《ふ》に落ちるんですけど、一方で文明は発展しても、人類ってちっとも学んでないなって思うんですね。今のウクライナの状況や、パレスチナでの非人道的なジェノサイドを見ていると、今回のテーマでもある怒りというものがベースになっている。人間はやられたことを決して忘れずにやり返すわけで、それがああいう戦争や紛争を引き起こしている。集団でも個人でも「許せない」という感情が根っこにあると思うんですけど、龍光さんは、人が人を許すという行為に関してはどのようにとらえていますか?

小野　これは結局は個人それぞれの心のあり方の問題になってくると思うんです。すごく玉虫色な回答になってしまいますが……。怒りは新たな怒りしか生まないとわかっていても、許せない怒りで収まらない方もいるでしょうし、人によっては、無理せずとも許すという心持ちになれる人もいる。

これはあくまで一視点として受け止めていただけたらと思うのですが……。許せないと考えている背景には、目の前には見えてないけれど、自分の脳内で感じさせる、ある種の想像上の設定があるかもしれない。

たとえば、過去に起きた歴史問題では、現在を生きる人にとっては実際に体験してない、「聞いた話」としての過去の出来事に対して「それは許せない」という思いが生まれることがある。その場合、今を生きているその個人において損なわれたのは、たとえば「自分の先祖」や「自国」といった、概念的なものであって、身の回りの実体のある何かが損なわれていたわけではないとも言えるかもしれないわけです。

実体のない脳内の概念であっても、それを大切にしている人にとっては、損なわれたくないものでしょう。ですが、もしかしたら、概念というのは、とらえ方によって感じ取り方も変わりうるものかもしれない。少し違う視点で見ることで、怒りとして当人を苦しめていたものも、それほど怒りを生むものではなくなるかもしれない。そうしたとらえ方の変化が生まれれば、許す心持ちも生まれるものかもしれない。つまるところ、その人にとって、物事をどうとらえるか次第で、許せる、許せないも変わってくる。そう思っています。

ですが、国家間や集団間の許しとなると、また難しい。個人が許せる気持ちになっても、その人が属する集団が怒りに満ちていると、自分だけが「許そう」と考えること自体、集団内での怒りを買い、危害に遭うかもしれないこととなる。そうすると、許せる人は黙ってしまい、集団としては「許せない」という声が響き続け、復讐《ふくしゆう》に向かう集団として進んでしまいかねない。そう感じております。

香山　個人のレベルで言うと、「やっぱり許せない」という強い感情の背景にあるのは、心理学で言う「投影」だと考えられています。「投影」とは、自分のなかにある葛藤が相手に映し出されて、「相手が悪いんだ」と思い込んでしまうことです。実は自分に対して怒っているだけなのですが、「自分を許せない」気持ちが「相手を許せない」気持ちにすり替わっている。たとえば親との関係で嫌なことがいろいろあって、そのときに、私は言い返せなかった、親の言うなりになってしまったとか、そういう自分が許せない、嫌いだという怒りを持っていたりすると、「あの人は私を嫌っている。許せない」と、他者がそうしているんだ、という気持ちにすり替わる。

不本意な人生を生きてきて、自分への怒りをためている人もけっこう多いわけですが、その人たちが自分の怒りと向き合わず、誰かにそれを投影して常に怒っているのはとても気の毒に思いますね。私が診察室でやることは、その怒りをまず解放させることなんですね。あなたはよくやってきたと思いますよ、これまで一生懸命やってきましたよねとか、自分に対する評価を上げて、自分を許してあげるように持っていく。他者を許すのは、そこからしか始まらない気がします。

それが国家間になると、龍光さんがおっしゃるように難しいけど、でも、国家とて、個人の集まりですよね。実はとても個人的な、私的なことがその人その人にあって、それが集団として集積して歴史に投影されているということもあるんじゃないかと思う。日本もそうですよね。今、韓国とか中国にすごく憎しみを向けている人がいるけど、そういう人たちと話してみると、個人のなかで解決していない問題があったりして、自分を許せない、あるいは自分の周りを許せないという問題を自分で引き受けたくないから、仮想敵として、中国や韓国に投影させて過剰にバッシングしたりしている。すると、自分を振り返らなくてよくなりますからね。一方的に「あいつらをなんとかしろ」と言っていれば、自分は棚に上げられるじゃないですか、自分の問題は。責任転嫁して、相手を攻撃していれば楽というね。じゃあ本当に、自分が嫌いな集団や国家が滅びたら幸せかというと、違うと思うんです。そのときはやったぜと思うだろうけど、結局、自分の問題の解決にはなってないので、次にまた違う相手、対象を見つけるだけですよね。

小野　今の香山さんのお話、とても興味深く聞かせていただきました。お話のなかに出てきた「投影」については、すごく腑に落ちるものがあります。

もともと大学院の研究で生物学をやっていたことにも関連しますが、僕は今、腸と脳の相関について、自分なりの勉強をしているんですね。つい最近読んだ、三木成夫《しげお》（解剖学者・発生学者）さんの『内臓とこころ』（河出文庫、二〇一三年）という本がすごく面白かったんです。すみません、さっきからおしっこの話ばっかりして申し訳ないんですが、この著者が幼い子供を観察していて、その子が初めて、おしっこをしたいと内臓が叫んでいるのを脳が理解する瞬間の描写があるんですよ。それがすごく面白かった。我々は、日常生活のなかで、おしっこしたいという感覚、内臓の感覚というのは当たり前のものとして認識できているじゃないですか。

香山　それは皆さん、たとえば認知機能が落ちた後でも保たれていることが多いです。

小野　ところが、かつて、それを認識できていなかった時代がある。一歳、二歳、三歳あたりでしょうか。おしっこがたまって内臓に圧がかかった状態を、おしっこしたいという理解に変換できずに、何かよくわからないけど、ムカムカ、むしゃくしゃして気持ちが悪い状態としかとらえられない時期ですね。内臓の圧による不快な感情だけが意識されている。「あんた、おしっこなんでしょ？」と親が言っても、おしっこという概念が脳と接続していないので、子供はどんどんいらいらして、むずかるだけなんですよね。

今、香山さんがおっしゃったことは、まさにこの行為かもしれません。たとえば、過去に自身が体験した不快な出来事の記憶により、胸がムカムカする、モヤモヤするといった不快感——つまり内臓などの生理的な不快を感じているときに、その不快な状態を、うまく言語化できず、本来の原因とうまく接続できていなくて、ただ感じている不快感、むしゃくしゃする気持ちを周りなど別の対象にぶつけることで、不快感から解放されようとしてしまっているのではと。自分のなかで起きていることを自分で言語化できたり、自分の脳でちゃんと認知できれば、本来違う原因が起こした怒りなどの不快な感情を、本来関係のない相手に投影させてぶつけるなんてことは起きにくいのかもしれませんが。

とはいっても、おしっこの認識はできていても、我々人間は、自分のなかで起きていることをなかなか正確には把握しえないものなのでしょうね。三木さんの本では、内臓により生み出されるこころが、いかに頭ではとらえにくいものかを、科学的に面白く語っています。内臓とこころのつながりという視点で考えてみると、感情に関わる言葉って本当に内臓に関わることが多いんですよね。胸がムカムカするとか、胃がキリキリするとか、日本語でもたくさんありますが、英語でも、「そわそわする」を"butterflies in my stomach"と、表現したり。胃のなかでチョウが動いている感覚。見事な表現だなぁと。

ですが、そんなこころとつながりを持つ内臓系は、脳神経系と同じ体内にあっても、構造的に互いに分かれた存在なので、頭では心を完全にとらえ切れないということですね。そこに僕はすごく納得したんです。繰り返しになりますが、ホモ・サピエンスは進化した言語能力を手に入れたけれど、言語で説明できないことに対しては、かえってもどかしさや苦しさを感じてしまう。そうした何かモヤモヤする鬱憤を、本来関係のない対象に目に見える形で吐き出してしまう生き物なのかもしれませんね。

人間は貪欲に見果てぬ夢を見る

香山　そうですよね。龍光さんがおっしゃるように、本当にホモ・サピエンスの文明なんてものは、たかだか数千年でしょう。今の私たちの体の形態としてはもうちょっと昔からあるにしても、いくらここまで文化、文明が発達しても、別に身長が五メートルになったわけでもないし、寿命も二百年とか五百年になったわけでもないし、内臓の種類が増えたわけでもなく、スケールとしては全然変わっていないんですよね。脳でいろいろ考えて到達できるところとか、見られるものは、考えられないぐらい拡張しているわけですけど、そもそも生き物としてはあんまり変わっていない。そこをつい忘れちゃって、ネットで世界と一瞬にして交信できるとか、なんだか身体能力の拡張を手に入れたような気持ちになるんだけど、それは錯覚ですよね。

今、医学のなかでももっとも投資ビジネスの対象になっているのは、不老不死研究なんですよ。細胞の老化を防ぐ若返りの研究に対して、中東のオイルマネーとか、もう億単位の投資が来るんですって。主にアメリカですけどね。その人たちがやっていることは、いわゆるアンチエイジングですが、あまりにも過剰で、本当に死なないレベルの夢物語を求めている。

そういうセレブ向けの高額医療レベルから、私みたいな僻地医療をやる医者まで、医者の偏在が、日本でも大きな問題になっているんですね。医療が東京とか大阪のような都市圏に集中するとか、若いドクターが、かかりつけ医のような職場を嫌って、人気の美容外科とか美容皮膚科のほうに行ってしまうとかね。いわゆる若返りの、シミを取るとか、しわを伸ばすとか、そういう医療の需要のほうが圧倒的に多いし、お金も儲かるから。

若さとか不老不死へのとらわれもなかなか捨てられないものだと思うんですけど、そこは龍光さん的にはどうですか。

小野　あらゆる生き物というものは老いて朽ちるものだからと言うこともできますけど、若くありたいというのは純粋な気持ちだと思いますし、それを努力することでご本人が幸せと感じて、苦しまず楽しんでいらっしゃるなら、それでいいじゃないですかというのが僕の立場です。

香山　でも、お金がある人はどんどん美容にお金をかけて若返っていくのに対して、そうなれない人の苦しみが生まれませんか。老いていく私はみじめだな、といったような。いかがですか。

小野　比較を気にする方にとっては、それは苦しみになるかもしれませんが、自分は他人の人生を生きられるわけではないですよね。他人が自分よりよいように見えても、悪いように見えても、それとは関係なく、自分が生きられるのは自分の人生しかないわけです。なので、他人がどうであろうが、自分がどうありたいかという心持ちがあれば、ほかとの比較に惑わされず苦しまないのではと思います。

お金を稼げるとか、年老いても若々しくいられるといった特性があっても、ほかの人と比較をする限り足りてないものはほかにも出てくる。それぞれの持って生まれた特性や育ってきた環境で手にしたもので、なんとか努力し生きていくしかないのが現実じゃないでしょうか。

香山　なるほど。自分の人生を生き抜いていくだけ、ということですね。

小野　どれだけ他人を見てあれこれ感じても、自分はその人の立場に入れ替わることはできない以上、自分が今、手にしうる条件のなかで生きるしかないのは動かしようがない事実だと思うのです。それならば、他人と比べて苦しみつつ進むより、自分に向き合い、少しでも自分を磨くことを楽しんだほうがよいのではというのが自分の考えです。

たとえば老いていくということにしたって、自分にはアンチエイジングできるお金がないと嘆くよりも、あなたのこの愛らしいしわくちゃな顔を抱き締めて暮らしていけばいいじゃないですか。そのほうが素敵ですよ、今あるもので生きていきましょうよとお声がけしていくだけです。すみません、こんな浅はかなお答えで。

香山　いえいえ、素敵だと思いますよ。龍光さんにそう言われたら、にっこりそういう気分になれそうな気がします。でも、不老不死を含めてあらためて思いますけれど、ホモ・サピエンスの欲望は、本当に切りがないですね。人間って、集団として成長していくことってできないのかな、やっぱり繰り返すばかりなんでしょうかね。

小野　僕自身も、いまだに起き続けている紛争や戦争を見ると本当にせつないですし、悲しいですし、人は成長できないのだろうかと、自身を含めて絶望を感じたこともあります。

でも考えてみたら、四十億年ほどの生き物の進化の歴史のなかでは、二千年ごときの人類の変化なんて、DNAの変化でもほぼゼロではと思うんですよね。数万年たてばもう少しホモ・サピエンスも賢くなってネオホモ・サピエンスになっているのか、あるいはイルカのほうがより賢くなって地球を平和に統治してくれているのか、未来は未だ来てないのでわかりようがないのですが、それでも、人類は世代ごとに薄皮一枚ずつでも賢くはなって同じような過ちを繰り返さない集団へと育っていけると僕は、信じたい。これは祈りに近いです。

第五章　森羅万象の共生を考える——人は利他を生きられるか

利他は生き物としての本能

香山　二千年ごときの人類の変化なんてゼロに等しい、でも薄皮一枚でも賢くなったと信じたいと龍光さんがおっしゃったこと、私も同じ気持ちです。その薄皮一枚の成長は、私は人間が利他を生きられるかどうかにかかっている気がします。二〇二四年の初めに能登半島地震があって、ネットでも、ボランティアが現地に行くか行かないかで、殺伐とした論争もありましたけれど、それも含めて残念なことですが「最近みんなやさしくないな」と感じることも多いんですね。いろんなものを捨てられず、それがために他者のことを考える心の余裕もなくなっているのかなとは思います。人のために役立ちたいと思って何かをするってどういうことなのか。これは龍光さんの軸となるお話でもあると思うので、利他的な行為について伺いたいと思います。

小野　利他行為については、今さら僕が語るまでもなく、たくさんの方々が語ってくださっていると思います。仏教はもちろん、キリスト教でもイスラム教でも、他を慈しむこと、愛すこと、分かち合うことの大切さを語っていますし、アリストテレスも人生を通した幸せを得るには、他に善きことを継続するのがよいと説いてます。そして、先ほど紹介した本『グッド・ライフ』にも、科学的な研究の結果として、他人を支えるほど自分の人生の幸せにつながると書かれています。つまり、これは宗教とか哲学とか科学とか関係なく、そういうものでしかない、真理なのではと思っています。

考えてみると、すべての生命体が個体単体だけで生き延びるのが難しいように、我々ホモ・サピエンスも個人だけで生き延びるのは難しい生き物ですよね。だから、群れる。集団をつくって、言語を持って、コミュニケーションをとることを武器にしたからこそ、ホモ・サピエンスは、自分たちよりも肉体的に強い動物たちに対して勝ち残れたし、自然の厳しさのなかでも生き残れた。つまり、集団で助け合い、支え合うことは、自分自身が生き延びるためにもなる。だから、他人を助け支えようとする行為そのものに、喜びを感じる仕組みを本能として育ててきたのだと思うのです。

他人のためによきことをすると、オキシトシンによる効果なのか、それ以外にもあるかもしれませんが、どこか温かい気持ち、幸福感が湧いてくる。これは、利他なんて偉そうなことを言う必要もない。誰かのためになる行為というのは、つまるところ、自分自身の喜びのためでもあるのだと。これは生物学的な真理だと思っているんです。我々の遺伝子にはおいしいものを食べてうれしい、楽しいと感じるのと同様に、誰かのためになることも、楽しい、幸せと感じるようにプログラミングされている。それが我々の本来の姿だと思っています。もちろん究極的な選択のなかでは、ほかの誰かよりも自分を優先するケースもあるでしょうが、本来は、助け合う、分け合うという行為は、生き物としてプログラミングされていて、それに喜びを感じるものであるのではと。

香山　その生き物としてプログラミングされている感覚、わかる気がします。私自身、都会にいるときはあまり意識できなかったんですが、北海道の僻地医療に関わって、繰り返しのお話になって恐縮ですが、自然も厳しく、何もないから、助け合わないと生きていけない、ということを実感しました。お互い、うちは大根あげるから、あんたんとこのトマト頂戴と、ものも少ないからみんなで分け合ったり、貸し借りする。あるいは、これは少し昔の話になりますが、夫が亡くなって、私が働きに行かなきゃいけないから、と隣に住む女性に「子供見てくれる?」と頼んで子供を見てもらう。すると、今度は、その女性が何年かたって病気になったときに、じゃあ私が見てあげると、みんなで生活を補い合ってきた、と聞いたこともあります。運転できる人は誰かを病院に乗せていったり、その代わり、乗せてもらった人はその人のおうちのお掃除を手伝う。持てるもの、自分自身の体も含めて持ち寄って暮らしていかないと生きていけないんですね。それが生き物としてプログラミングされている利他感覚なんだと思う。

そこには、そうしないと群れとして生きていけないからという合理的な必然性もあったんでしょうね。もちろん、我が道を行く、俺は一人で生きていけるという人もいるのかもしれないけど、多くの人たちはそうやってお互いを補って助け合わないと生きていけないですからね。

私も、うちの向かいに住んでいる男性が、ガソリン入れて動かすタイプの除雪機を持っていて、その人に玄関前の除雪を頼まないと、車出せなくなっちゃうから、頼むんです。最初は頼めず、その人が「除雪、やってやろうか？　あ、カネなんかいらないよ」と言ってくれたので、「お願いします」と言いました。で、私はその男性にしてあげられることがないので、「せめてどこか不調があったらすぐ診療所に来てね！　一番に診ますよ」なんて言ってます。私自身、そんな具合に助けてもらい、できることはこちらが助けるというのがもう習性になってきた感じですね。

「思いやり」は新たな目線を手に入れるきっかけ

小野　とても思いやりにあふれていて、素敵ですね。あらためてですが、利他と言うと、少し大げさでかしこまった印象なのですが、思いやりという言葉っていいなぁと感じているんです。この言葉が偉大だなと思うのは、「思いやり」という一見相手に対しての行為が、結果的に自分の幸せにもつながるからです。これは、他人が喜ぶことをすると自分にも幸福ホルモンが出て幸福感を得られるといった話とはまた別でして、自分が「思いやる」行為は、自分のとらわれを解消するきっかけにつながる効果がある、というお話なんです。どういうことかと言いますと、「思いやる」って、相手の視点で物事を考える機会なのではと思うのです。これは自分なりの考えでしかありませんが、人間は常に自分目線でしか世界を見ていなくて、そのことに気がつかないときに、苦しみがちなのではと思うのです。

たとえば、なんでこうしてくれないいんだ、なんでこうなっているんだという不満や怒りは、自分の視点で期待した物事が、同じく自分目線で「思うとおりでない」と感じているから起こる感情ですよね。そこで、少しでも「でも、相手にも相手なりの事情があったかもしれないし」など、相手の視点で物事を考えるきっかけがあると、「思うとおりでない」という自分だけの視点のとらわれから離れやすくなり、不満や怒りの感情も和らぎやすくなる。結果、心の平穏も得られやすくする。思いやりという行為が大事なのは、自分だけではなくて、ほかの誰かにとってどうかという自分目線以外の新たな目線を手に入れる、すごく重要なきっかけになるからです。ですので、「思いやり」って素敵だなと考えています。

香山　それは本当にそうですね。思いやりは、自分以外の他者への想像力ですものね。

小野　はい。この人は何をしたらうれしいんだろうか、この人は何に困っているんだろうかと、思いを寄せることですね。誰かの心を覗くことなんて不可能ですけど、思いやろうとすることで、誰かの視点に立とうとする努力が生まれますよね。それは思いやりのすごい効果で、これをやればやるほど、自分中心の視点、つまり自分の偏見から解放されていくことになると。自分が見ている世界は、自分の脳を通してしか解釈できないので、常に自分の偏見にあふれている可能性があるわけですが、その自覚がないと、自分の見立てと違う出来事に「なんでだよ」と苦しみやすくなる。でも、これに苦しまない魅力的なツールが、思いやりなんだと思うのです。他人目線の考えを持てば持つほど、自分だけの見立てから離れた多面的なとらえ方ができるようになる。

　そうやって自分以外の目線で人間関係や物事を見られるようになると、たいていの争いごとや不満は消えるものだと思うのです。自分の見立てばかりにとらわれていると、なにかと腹が立って、争いごとも多くなるし、何より自分が苦しくなる。だから、利他なんていう大げさなことを言わなくても、思いやりっていいものですよという、カジュアルな考え方でいいんじゃないでしょうか。

香山　こうして話してくると、「思いやり」というのは、本当にいい言葉だと思いますよね。

ある意味で一番、人間的だなと思う場面って、誰かのお誕生日で、みんなでサプライズプレゼントをしようと言って、あの子だったらどんなケーキを喜ぶだろうとかみんなで考えているようなときですよね。

あの人、イチゴよりもチョコレートが好きだからチョコケーキにしようと考えて、ご飯の終わりごろに「実はサプライズがあります。ハッピーバースデー！」とか言って、ろうそくを立てたチョコケーキを出す。たあいもない日常の一風景だけど、やっぱり今、龍光さんがおっしゃったように、他人の立場になって、一生懸命、あの子だったらどんなのを喜ぶだろうかと考えるじゃないですか。もらったほうは、もしかしたら、今日はチョコよりもイチゴのケーキが食べたかったなと思うかもしれないけど、誰かが自分のために考えてくれたことってそれだけでうれしいですもんね。そこで起きている出来事ってすごく人間的な気がするんですよ。そういう思いやりって、コミュニティーには欠かせないものだと思うけど、それは社会的なものというより、さっき龍光さんのおっしゃっていた、生き延びるための連帯感を強める、生き物としての才覚、智慧なんでしょうね。

私、東京のマンションで大地震とか災害が起きたら絶対死ぬと思う。助けてくれる人が誰もいないもの。だから、地震が起きるなら、北海道にいるときがいい（笑）。あちらで起きたら絶対誰かが助けてくれると思うから。それはもう確信がありますね。

小野　どうでしょうね（笑）。それは実際になってみないとわからないかもしれませんが。でも、個人的には、人は本能的に助け合いたいものではと思うのです。生き物は単細胞から昆虫から植物から動物から、すべて支え合って生きている。もちろん食う食われるの競争もありますが、まずは支え合い、ともに生き延びようというふうに進化してきているのではと。なので、いざというときは我々は支え合えると期待したいです。

香山　もちろん、私も東京で地震が起きても、みんなで助け合って乗り切りたいな、とは思います。でも、みんなが他人を思いやれれば理想ですけど、現実には自分ばかりがよければいいという人もいて、そこで格差も広がっていく。そして報われずに死んでいく人もいますよね。

小野　それも、ご本人の受け取り方次第かもしれませんね。誰かの役に立つ機会を手にできたと解釈できれば、むしろ幸せに人生を閉じることもできるかもしれませんね。

いつか誰かに届けばいい

香山　もう一度、まとめの意味でお聞きしたいのですが、「具体的に何をすればよいのか？」と知りたい人へのポイントをぜひお願いします。

小野　僕がいろんな方にお勧めする、早起き、散歩、挨拶、掃除という四つのことは、自身の幸せ感のために効果的だと感じています。

たとえば、挨拶。笑顔をつくるだけで自分も幸せな気持ちになるし、それを見た相手にも幸福感が与えられるかもしれない。挨拶というのは誰もができることでしょうし、挨拶だけでも人さまの役に立つかもしれない。ただただ挨拶をすればいいんです。早起きであれば朝、擦れ違う人も少ないから、「おはようございます」と言いやすいかもしれない。それでも言いにくい人は、コンビニで商品を受け取るときに「ありがとうございます」「ありがとう」とニッコリしてみる。目を見られなくても最初はいいかもしれない。「ありがとう」と言い続けるだけで、自分もほっこりするものではと考えています。言葉で伝えるのが難しいようなときは、ニッコリ笑顔で会釈するだけでも挨拶になる。たったそれだけでも、自分の中に幸せな気持ちが生まれていくものだと考えております。

人さまのために井戸を掘ることはすばらしく立派なことですが、そんな大きなことはできなくたっていいのではと。挨拶さえすれば、あなたは立派な社会の一員として役に立っているんですから。とくに悩みを抱えて自分に肯定感を持てない人にとっては、こうしたことの積み重ねが、大事な大事なステップになっていくと思っています。その積み重ねで実に大きく人は変わっていけると思っています。

香山　今おっしゃったことは、私の診察室を訪ねる人たちにも重ね合わせることができます。ずいぶん昔、私のもとに通っていたある青年が、「実は自分は先週、自殺しようと思った」と言ったので、思わず「えーっ」と驚いてこんな会話を交わしました。「でもやめたんですよね」「やめたからここにいるんですよ（笑）」「よかった。どうしてやめたの？」「朝散歩をしているときに、よく擦れ違うおばあさんと犬がいるんです。そのおばあさんが、会うたびに『あら、おはよう』と声をかけてくれる。それで会うたびに挨拶するようになった。そして先日、死のうと思ったときに、ふと思った。もし自分が死んじゃったら、あのおばあさんと自分はもう挨拶できないんだな。僕が姿を見せなくなったら、おばあさんと犬はどう思うかな。そうしたら、なんだかすごく怖くなっちゃって、その日は決行するのをやめたんですよ」。私は、あぁ、そんなこともあるんだと、その青年のことはすごく印象に残っています。つまり、何気ない散歩中の挨拶が、人の命を救うこともあるということですよね。

小野　僕は大きな力を持っていると思います。挨拶の根っこにあるのは、誰かに対して思いを寄せる、思いやるという行為じゃないかと思うのです。その自殺をとどまった方も、何気ない挨拶で親しくなったおばあさまの視点に立って、おばあさまに思いを寄せたことで、生きる力を取りもどしたわけですよね。挨拶という互いの思いやりが人の生命を救うことにつながったわけですよね。

香山　しかも、そんなこと、そのおばあさんは気づかないですよね。その人が、「ありがとう、あなたのおかげで命が助かりました」と言わないかぎりは、まさか自分の挨拶で一人の青年が自殺を思いとどまったなんて想像もできないと思うんです。でも、人知れず、自分の挨拶や感謝のありがとうが、誰かの支えになっていることもある。

実は同じようなことを誰もがしているんじゃないかなと思うんですよ。会社でも学校でも家庭でも、人はいちいち、あなたがいてくれてよかったなんて言ってくれません。「誰も私のことを必要としてくれてないんですよ」とおっしゃる方も多いんですが、その方自体はとってもほわっとしたやさしい雰囲気で、あぁ、きっとこの人が職場にいたらみんなが和むだろうなと感じる人もけっこういるんです。「あなたがいるからこの職場は和んでるんですよ」とみんな言わないからわかっていないけど、知らない間に自分が利他的なことをもうしているかもしれないじゃないですか。

小野　本当にそのとおりですね。やさしい気持ちは必ず誰かの役に立っていると信じています。

香山　うんうん、だからそう思って、今、龍光さんがおっしゃった挨拶とか、ちょっとしたひと言をかけるとか、笑顔を向けるのは、そのときすぐに結果はわからなくても、すごく大事な利他行為だと私も思います。そのことも現代人が、深刻に生きる意味を求めすぎることへのひとつのメッセージになりそうですよね。だって、私たちだって、その日誰かに何か言われたひと言がすごくうれしかったりすることもあるじゃないですか。いちいちその人に、「あのとき私、落ち込んでいたんですけど、あなたがそう言ってくれたので自信が回復しました」なんて言わないし、相手もそんなことはつゆ知らない。意外とそういうことって多いんですよ。逆に、何年もたってから、「あのときあなたがああ言ってくれて、本当にうれしかったのよ」と言われることもある。でもこっちはまったく覚えていない。だから、そういうことをし合っているんですよね。

小野　はい。そんなふうにして人間というのはつながって、支え合って生きていけるんじゃないかなと僕も信じております。

別に誰とも挨拶していなくても、ゴミ拾いをしている行為だけで、誰かの心を豊かにしたり、清々しい思いにさせる、ある種の利他行為になっているし、社会的な役にも立っています。

インドの佐々井上人のいるナーグプルの町の人々もそうでした。僕たちが今まで回ってきたほかのインドの都市の路上はゴミだらけなのに、ナーグプルにはゴミがとても少ない。いつも町の人が掃除しているし、目を見て笑顔できちんと挨拶してくれる。そこで行き会う人たちは、みんなめちゃくちゃ親切だし、幸せな顔をしている人が多いんです。この町はかつてスラム街で犯罪も多く、最下層のカーストにさえ入れないアウトカーストの人々が暮らす貧しい場所だったのが、佐々井上人が仏法を説き続けるうちに、町の様子が変わるまでに生まれ変わった。ゴミ拾いや掃除を始めとして、すみずみまで清浄な道徳が息づいた町になった。内村鑑三先生が『後世への最大遺物』で語っていますが、思想よりも、お金儲けよりも残すべきものはその人の生きざまではと。誰も見てないところで掃除をするという生きざまだけでいい。それがその人を十分に物語っていますよね。思想なんて語っていなくても、文章なんて残さなくても、事業なんて大きくしなくても、誰かの心を清浄にするという偉大なる役割を果たしている。僕はこれが答えなんじゃないかなと思っているんですよね。ですので、文字を書いたり、事業を起こすこともちろんすばらしい一方で、ただ人として誰かの役に立つような生き方、そうあろうという心を持って生きているだけで、十分にその人は誰かの役に立っている。そう思っています。

香山　名古屋に宗次《むねつぐ》ホールというクラシック音楽のホールがあるんですが、そのホールの代表は、カレーハウスＣｏＣｏ壱番屋の創業者なんですね。ＣｏＣｏ壱番屋の創業者の方は、子供時代、とても苦労して育ち、その後、事業を起こして成功した人なんですが、若き日、つらかった時代にラジオからクラシック音楽が流れてきてとても励まされたというので、いつかホールをつくりたいと思って、その夢を実現させたわけですね。そのホールのある通りで、その創業者の人は毎朝、作業服を着て、道路掃除をしているそうです。でもそんなこと誰も気づかず、ただの清掃業者だとみんな思っていて、素通りしていく。そういう姿を見て、どう思うか、それは人それぞれだと思うんですよ。高齢者なのに掃除して、あんなに働かなきゃいけないのかと思うのか、偉いなとか、立派な人だなとか、頑張っているなとか、私も頑張ろうとか、それぞれに感じている。今、龍光さんが言ったように、そういう生きざまって、本人が思いもよらぬところで誰かに影響を与えていたりするんですよね。

「私なんて何の役にも立たない」という、ひとりよがりの妄想から解放されるのも、今の挨拶や掃除といった、人知れず誰かの役に立とうという思いやりがきっかけだったりするんでしょうね。なんか人間の想像力って、矛盾をはらんではいますけど、偉大だなって思いますね。

小野　想像力という表現はすごく僕もしっくりくると思います。つまり、自分以外の誰かの目線で考える、物事を考えるという想像力ですよね。これを思いやりと言う。それを持つことによって、集団としても個としても生きやすくなる。ただ生き物として有利に生きられるという方法論としてではなく、純粋に個体としても喜びを体内に感じられるものですよね。
でも、子供のときはなかなかそうは考えられずに、わがままに育つ。何が欲しい、何がしたいと、我があるがままに育つものですが、人とぶつかったり悔しい思いをしたりさまざまな感情を味わう体験を通して徐々に想像力、他人目線で物事を考えることができるようになって、豊かな心が育っていく。ほかの人の気持ちも少しはわかってあげられる人間になっていく。こんなふうに人は、チャンスタイムを通して心をトレーニングさせるなかで、人さまの心に対しても想像力をたくましくできるように育っていくものではないかと思いますね。

偉い人になろうとするな。金持ちになろうとするな。

香山 でも今の子供たちは、悪しき大人の生きざまもしっかり見ていますよ。子供たちの社会も大人社会の縮図ともいわれていますから。龍光さんは、子供たちにお話をすることはありますか?

小野 今、子供向けの講演会でよく言うんです。いいか、いきなり偉い人になんかなろうとするな、金持ちになんかなろうとするなと。偉い人は、自分でなるものじゃなくって、周りに選ばれてなるものなんだと。自分だけで偉い人になろうとすればするほど、人よりも上に行こうと人を蹴落とす人間になるんだ。金持ちも、自分だけでなるものじゃなくって、周りに感謝されることをした結果なるものなんだと。自分だけで金持ちになろうとすると、人から金を奪う人間になるんだ。偉いと言われる人は、ただただ人のためになっていて、結果として周りから、すごいね、偉いねと言われる人が本当に偉い人なんだと。たくさんの人から感謝されることをしたから、お礼としてお金が集まるのが、本来お金を持つということなんだと。

とくに小さい子だと、かっこよくなりたい、偉くなりたいというのは純粋な気持ちですよね。でも、偉くなって、お金や権力を手に入れ、耳目を集めることが目的化してしまうと、人として和を保つよりも、周りを蹴落として、本来は他者が手にすべきものを自分が収奪しようと目論《もく ろ》むことが先に立ってしまう。これは生き物としてのさがなのでしょう。でもそれをやり続けていると戦争や紛争がやまず、やがて人類は滅びてしまうよ、だから人類の未来は君たちにかかっているんだよと、子供たちに言いつつも、それは、自分自身に対しても常に言い聞かせていることでもあるんです。

香山　今の子供たちはけっこうシリアスですよね。龍光さんのおっしゃることはとても説得力がある一方で、「正直者がばかを見る」ということわざがあるじゃないですか。そんなふうに人を蹴落としたりしない実直な生き方をしていても報われない人もいる、ということも知っている。結局人のよさが災いして家族を養えなくなり、家族にも愛想をつかされる。そんな親を見て育った子供が、親を反面教師として、他人から収奪する側に回ったりするケースもよくありますよね。そんな子供たちから、人がいいだけなんて何も報われない、誰のことも幸せにできないじゃないかと言われたら、何とおっしゃいますか。

小野　それはその相手の状況により伝え方は変わりますが、あとはあなたが何を信じるか次第だよ、でも、僕はこう信じるよ、という趣旨をお伝えすると思います。

人はある程度肉体的・精神的に満たされないと、どんな周りの言葉も意味をなさず、ただ生きるのに必死になってしまうものだと思います。そして、他を思いやる行為も、他から思いやられたり、愛されたりということを実感する体験がないと、育ちにくいものだと思います。自分で味見したことない料理は、他人に提供できないように。

自分中心なのか、他を思いやるのか、どの道が本当に幸せなのかは、それぞれの体験を通して価値観を育てていくしかない。とはいえ、子供たちですので、まだ体験も限られている。不幸な体験ばかりに囲まれているケースもある。でも、どんな状況でも、信じること、希望を持つことはできるかもしれない。なので、僕ができるのは、みんなの善き未来を信じてあげて、「信じているし、期待しているよ」とささやかながらメッセージと想いをお伝えすることです。

あとは、祈ることくらいしかできません。

香山　現実社会でも、あるいはネットのなかでも、他者のことを考える心の余裕のない大人が増えている気がします。そうした環境でこれから子供たちが自身の軸を見つけていくのはたいへんなことだと思います。でも彼らが絶望や挫折を感じたときに、「大丈夫かも」と思えるような、信頼できる大人に、子供たちが巡り合えるといいですね。

小野　そうですね。信頼できる人が見つからないときでも、人の縁は無数に起こしていくことができると思っています。そのためには小さくても何か心が喜ぶことに勇気を出して踏み出してみる。そうして誰かとのつながりが広がっていけば、よき縁もさらにつかみやすくなっていくのではないでしょうか。苦しんでいる方に、少しでもそんな道が拓けていけばというのが、名もなきハゲボウズのささやかな願いであります。

香山　龍光さんのお考えを聞こうと、あえて質問してみましたが、それは私も同じ思いです。私も精神科医でありながら、俗世間の雑念に惑わされてばかりいる人間ですが、龍光さんと何度かの対談を通して、この本のテーマでもある、何を捨てたら清々しく生きられるかという方向性がちょっと見えてきた気がします。

お話を通して、すべてを捨てる生き方というのは、どこか隠遁《いんとん》者の生活のようなイメージを持っていたのですが、かつては当たり前に私たちがやってきたこと、大切にしてきたことをもう一度、見直してみよう、と実践して見せてくださっている気がしてきました。しかも、それを人里離れたところの道場でやっているのではなく、あくまでこの日本で、あるいは海外の都市や海岸など人が多く棲《す》むところでやり続けるところにも大きな意味があるとわかりました。誰もが龍光さんのようには生きられないけど、でも、龍光さんを見て自分の生き方を見直し、ちょっとだけ変えることはできそうです。さて、私は何を変えてみようかな、と楽しみな気持ちになってきました。

エピローグ　限られた時間をどう生きたいか、問い直してみる

小野龍光

はじめに、精神科医の香山先生との数度にわたる対談は、僕にとってもたいへん有意義で、共感する部分も多く、貴重なお時間をいただいたことに、お礼を申し上げたいと思います。そして、対談の機会をくださった編集担当の伊藤さん、髙木さん、対談での自分の拙い発言内容を文章にまとめてくださった宮内さんに深く感謝しております。自分は、ただ旅行でインドに行って、ご縁をいただき得度を受けて帰ってきただけの人間で、今は人さまに飯を食わしていただくだけの無職の身でしかありません。それまでの人生とのギャップがあったためか、有り難くもたまたま注目をいただき、さまざまな出版のお誘いをいただきました。ですが、すべて「自分の発言は、無料で手に入るネットにおいておくだけで十分で、有償の本にする価値などありません」とお断りさせていただいておりました。

一方で、僕は本という存在にはたいへん感謝しており、先人の方々が本という形で思想や智

慧を残してくださらなければ、僕の今の生き方も学びも生まれなかっただろうと思っています。とはいえ、自分の発言が本にするほどの価値があるとは感じにくい。ならば……と、編集担当の高木さんの熱心なお誘いにより、香山先生のお力に甘えて乗っからせていただく形で、自分ごときの発言がわずかながらも世の中に価値があるものになりそうであれば、ご自由に活用くださいませとお引き受けさせていただいた次第です。すでにお金をほぼ手放し、自身には極力お金を使わない生き方をしておりますので、この本から生まれた印税は全額、恵まれぬ方々へと巡らせていただく基金に充てさせていただきます。

さて、本のテーマとしていただいたのは「捨てる生き方」です。僕自身はいろんなものを捨てて、ほぼ身ひとつになり、有り難くも他人さまに食わせていただくことによって、心おだやかな時間を頂戴させていただいております。ですが、お金や地位や充実した人間関係などを手にしようと努力することや、手にしていることに満たされた心持ちを感じていらっしゃる方々に、それらは捨てたほうがいいですよと言うつもりは毛頭ございません。

ただ、この本の目的としては「もっとお金を稼いで、もっと豊かに」という風潮のなか、なんだか、息苦しいな、しんどいな、つらいなと感じているのであれば、こんなふうに捨てること、手放すことで、安らぎを手にできる方法もあるかもしれません、とお伝えする、ひとつの処方箋になればというものです。もし少しでも、おだやかな心につながるきっかけになれば、たいへんに有り難きことと思っております。

思い起こせば自分は、ただ誰かに喜んでもらえることで心を満たしたいという想いが、気づけば売上など、数字で表せるものの、どこまでも心を満たし切らないものに頼りすぎて、それにとらわれ苦しんだのだと思います。でも、人間の価値は数字で表せるものではない。数字にとらわれていると気づき、そこから離れることで、苦しみからも離れられた。自分の場合は、極端な形での過去の捨て方ではありますが、苦しまれる方こそ、それを捨てずとも、少し離れてみるだけでも心のおだやかさが得られるのかもと考えており、ひとつの可能性としてお伝えできたらという想いです。

今、僕は、たった一人の人に龍光ポストを通して「ありがとうございます」と言ってもらえるだけで十分に幸せです。お礼を言われなくても役に立てたかなと思えるだけで満足です。これをもっと規模を大きくして、百人、千人、一万人にありがとうと言ってもらえるほうがいいのではないかというご意見もありますが、それは意識しないように心がけております。意識しはじめると規模を目的化することになるからです。規模は、価値があれば後からついてくるだけのものだと思うのです。数字という自分の心身に属さぬ頼りない外なる何かを成長させるより、常におだやかで人にやさしくあれるような「こころ」という内なる成長をさせることに人生を使っていこう。そう考えております。

今日死ぬとしてあなたはそれをやり続けますか?

前世の僕は自分が常に何かをやっているつもりにならないと不安で不安でたまらなくなる。何もやっていない時間が一秒でもあると恐怖でしかない。いったい自分は何のために生きたいと思っているのか、それすら考える時間もなく、日々の終わりは深酒に身を沈め、いわば心を亡くしている状況が続いていました。

今日死ぬとして、あなたはそれをやり続けますか。そんな問いを向けられたら、当時の僕は何と答えていたでしょうか。仕事をやめる間際になって、ようやく自分に「ノー」と言えた。正確に言うならば、身も心も疲弊して、続行不能という意味の「ノー」でした。

静かで心地よい時間が流れる今、あなたは死ぬまでに何をして生きたいかと問われたら、ただ人さまの役に立つ時間の使い方ができればいつ死んでもけっこうですと、迷わず答えられる気がします。そうした考え方に切り替わった瞬間に、僕のなかに豊かな時間が流れ込んできました。

龍光ポストへのお返しのときも、講演会のときも、一人で本を読んでいるときも、どこかで人さまのお役に立てるようにと願う自分があれば、その後に雷に打たれて死んだとしても悔いはないと。自分の残りの時間はいつだってわからない。まずは、ゆっくりと自分に向き合い、今に向き合い、今の自分の心が少しでも喜び、信じられる目的に向かって使えていれば、不安や焦りは消えていくのではと思っています。

忙殺されて苦しい、何のために生きているのかわからなくなったという方は、目の前にある、これは絶対にやらなければいけないと自分に言い聞かせているものの正体を、一度、問い直してみてはどうでしょう。偏差値を上げる、稼ぐ、いい生活をする、老後のためにより貯金を増やす——未来に期待し努力するのは大切です。でも、どこまで行っても常に「さらに未来」への不安は生まれてくる。その一方で、今しかないことに向き合えているだろうか。今、目の前にいる大切な人に心を注げているだろうか。今、生きている実感を失ってはいないか。そんなことを考えてみる時間を持てると、もしかしたら、心おだやかに進みやすい道が見えてくるかもしれません。

長々とお話ししてしまいましたが、この本をきっかけに、少しでも心おだやかな時間が流れる方が生まれたら、たいへんに有り難いことです。

最後に、自分の人生を失いかけていた名も知らぬ僕に、新たな生き方を授けてくださった佐々井秀嶺上人へ。そして、佐々井上人を支えてくださっているすべての皆さまへ。お陰さまで、自分は息をさせていただき、たいへん恵まれた生き方をさせていただいております。たいへんにありがとうございます。この場を借りて、心より御礼させてくださいませ。そして、そのご恩を巡らせていただくべく、引き続き精進させてくださいませ。

龍光ポスト

香山リカ
オフィシャル・ウェブサイト

小野龍光（おの りゅうこう）

一九七四年札幌市出身。二〇二二年にインドで佐々井秀嶺上人のもとで得度。得度前は俗名小野裕史として、東京大学大学院理学系研究科生物科学専攻修了後、投資家・起業家・IT企業CEOを歴任。

香山リカ（かやま りか）

一九六〇年札幌市出身。精神科医、立教大学教授を経て、北海道穂別の総合診療医に。著書に『61歳で大学教授やめて、北海道で「へき地のお医者さん」はじめました』（集英社クリエイティブ）等多数。

集英社新書一二四六C

捨《す》てる生《い》き方《かた》

二〇二五年一月二二日 第一刷発行
二〇二五年三月 八 日 第二刷発行

著者……小野《おの》龍光《りゅうこう》／香山《かやま》リカ
発行者……樋口尚也
発行所……株式会社集英社
東京都千代田区一ツ橋二-五-一〇 郵便番号一〇一-八〇五〇
電話 〇三-三二三〇-六三九一（編集部）
〇三-三二三〇-六〇八〇（読者係）
〇三-三二三〇-六三九三（販売部）書店専用

装幀……原 研哉
印刷所……大日本印刷株式会社 TOPPAN株式会社
製本所……加藤製本株式会社

定価はカバーに表示してあります。

ISBN 978-4-08-721346-1 C0210

a pilot of wisdom

集英社新書　好評既刊

崩壊する日本の公教育
鈴木大裕　1235-E
政治が教育へ介入した結果、教育のマニュアル化と市場化等が進んだ。米国の惨状を例に教育改悪に警告。

その医療情報は本当か
田近亜蘭　1236-I
広告や健康食品の表示など、数字や言葉に惑わされない医療情報の見極め方を京大医学博士が徹底解説する。

石橋湛山を語る　いまよみがえる保守本流の真髄
田中秀征／佐高 信　1237-A
岸信介・清和会とは一線を画す保守本流の政治家、石橋湛山を通じて、日本に必要な保守主義を考える。

荒木飛呂彦の新・漫画術　悪役の作り方
荒木飛呂彦　1238-F
『ジョジョの奇妙な冒険』等で登場する名悪役たちはなぜ魅力的なのか？　創作の「企業秘密」を深掘りする。

遊びと利他
北村匡平　1239-B
公園にも広がる効率化・管理化の流れに、どう抗えばよいのか？　「利他」と「場所づくり」をヒントに考察。

ユーミンの歌声はなぜ心を揺さぶるのか　語り継ぎたい最高の歌い手たち
武部聡志　取材・構成／門間雄介　1240-H
日本で一番多くの歌い手と共演した著者が、吉田拓郎や松田聖子といった優れた歌い手の魅力の本質に迫る。

プーチンに勝った主婦　マリーナ・リトビネンコの闘いの記録
小倉孝保　1241-N〈ノンフィクション〉
プーチンが夫を殺したのか？　真相を追い求める妻に英国やロシアが立ちはだかる。構想十二年の大作。

ヘーゲル〈再〉入門
川瀬和也　1242-C
主著『精神現象学』や『大論理学』を解読しつつ、「流動性」をキーワードに新たなヘーゲル像を提示する。

東京裏返し　都心・再開発編
吉見俊哉　1243-B
再開発が進む東京都心南部。その裏側を掘り起こす、七日間の社会学的街歩きガイド。

わたしの神聖なる女友だち
四方田犬彦　1244-B
昭和の大女優、世界的な革命家、学者、作家、漫画家など、各領域で先駆者として生きた女性の貴重な記録。